制度、名物与史事沿革系列

宰相史话

A Brief History of
Prime Ministers in Imperial China

刘晖春 / 著

社会科学文献出版社
SOCIAL SCIENCES ACADEMIC PRESS (CHINA)

图书在版编目（CIP）数据

宰相史话/刘晖春著.—北京：社会科学文献出版社，2012.1
（中国史话）
ISBN 978-7-5097-2793-5

I.①宰… II.①刘… III.①宰相–史料–中国–古代 IV.①K827=2

中国版本图书馆 CIP 数据核字（2011）第 216139 号

"十二五"国家重点出版规划项目

中国史话·制度、名物与史事沿革系列

宰相史话

著　　者／刘晖春

出 版 人／谢寿光
出 版 者／社会科学文献出版社
地　　址／北京市西城区北三环中路甲 29 号院 3 号楼华龙大厦
邮政编码／100029

责任部门／人文科学图书事业部　（010）59367215
电子信箱／renwen@ssap.cn
责任编辑／黄　丹　乔　鹏
责任校对／韩莹莹
责任印制／岳　阳
总 经 销／社会科学文献出版社发行部
　　　　　（010）59367081　59367089
读者服务／读者服务中心（010）59367028

印　　装／北京画中画印刷有限公司
开　　本／889mm×1194mm　1/32　印张／5.25
版　　次／2012 年 1 月第 1 版　　字数／103 千字
印　　次／2012 年 1 月第 1 次印刷
书　　号／ISBN 978-7-5097-2793-5
定　　价／15.00 元

总　序

  中国是一个有着悠久文化历史的古老国度，从传说中的三皇五帝到中华人民共和国的建立，生活在这片土地上的人们从来都没有停止过探寻、创造的脚步。长沙马王堆出土的轻若烟雾、薄如蝉翼的素纱衣向世人昭示着古人在丝绸纺织、制作方面所达到的高度；敦煌莫高窟近五百个洞窟中的两千多尊彩塑雕像和大量的彩绘壁画又向世人显示了古人在雕塑和绘画方面所取得的成绩；还有青铜器、唐三彩、园林建筑、宫殿建筑，以及书法、诗歌、茶道、中医等物质与非物质文化遗产，它们无不向世人展示了中华五千年文化的灿烂与辉煌，展示了中国这一古老国度的魅力与绚烂。这是一份宝贵的遗产，值得我们每一位炎黄子孙珍视。

  历史不会永远眷顾任何一个民族或一个国家，当世界进入近代之时，曾经一千多年雄踞世界发展高峰的古老中国，从巅峰跌落。1840 年鸦片战争的炮声打破了清帝国"天朝上国"的迷梦，从此中国沦为被列强宰割的羔羊。一个个不平等条约的签订，不仅使中国大量的白银外流，更使中国的领土一步步被列强侵占，国库亏空，民不聊生。东方古国曾经拥有的辉煌，也随着西方列强坚船利炮的轰击而烟消云散，中国一步步堕入了半殖民地的深渊。不甘屈服的中国人民也由此开始了救国救民、富国图强的抗争之路。从洋务运动到维新变法，从太平天国到辛亥革命，从五四运动到中国共产党领导的新民主主义革命，中国人民屡败屡战，终于认识到了"只有社会主义才能救中国，只有社会主义才能发展中国"这一道理。中国共产党领导中国人民推倒三座大山，建立了新中国，从此饱受屈辱与蹂躏的中国人民站起来了。古老的中国焕发出新的生机与活力，摆脱了任人宰割与欺侮的历史，屹立于世界民族之林。每一位中华儿女应当了解中华民族数千年的文明史，也应当牢记鸦片战争以来一百多年民族屈辱的历史。

当我们步入全球化大潮的 21 世纪，信息技术革命迅猛发展，地区之间的交流壁垒被互联网之类的新兴交流工具所打破，世界的多元性展示在世人面前。世界上任何一个区域都不可避免地存在着两种以上文化的交汇与碰撞，但不可否认的是，近些年来，随着市场经济的大潮，西方文化扑面而来，有些人唯西方为时尚，把民族的传统丢在一边。大批年轻人甚至比西方人还热衷于圣诞节、情人节与洋快餐，对我国各民族的重大节日以及中国历史的基本知识却茫然无知，这是中华民族实现复兴大业中的重大忧患。

中国之所以为中国，中华民族之所以历数千年而不分离，根基就在于五千年来一脉相传的中华文明。如果丢弃了千百年来一脉相承的文化，任凭外来文化随意浸染，很难设想13亿中国人到哪里去寻找民族向心力和凝聚力。在推进社会主义现代化、实现民族复兴的伟大事业中，大力弘扬优秀的中华民族文化和民族精神，弘扬中华文化的爱国主义传统和民族自尊意识，在建设中国特色社会主义的进程中，构建具有中国特色的文化价值体系，光大中华民族的优秀传统文化是一件任重而道远的事业。

当前，我国进入了经济体制深刻变革、社会结构深刻变动、利益格局深刻调整、思想观念深刻变化的新的历史时期。面对新的历史任务和来自各方的新挑战，全党和全国人民都需要学习和把握社会主义核心价值体系，进一步形成全社会共同的理想信念和道德规范，打牢全党全国各族人民团结奋斗的思想道德基础，形成全民族奋发向上的精神力量，这是我们建设社会主义和谐社会的思想保证。中国社会科学院作为国家社会科学研究的机构，有责任为此作出贡献。我们在编写出版《中华文明史话》与《百年中国史话》的基础上，组织院内外各研究领域的专家，融合近年来的最新研究，编辑出版大型历史知识系列丛书——《中国史话》，其目的就在于为广大人民群众尤其是青少年提供一套较为完整、准确地介绍中国历史和传统文化的普及类系列丛书，从而使生活在信息时代的人们尤其是青少年能够了解自己祖先的历史，在东西南北文化的交流中由知己到知彼，善于取人之长补己之短，在中国与世界各国愈来愈深的文化交融中，保持自己的本色与特色，将中华民族自强不息、厚德载物的精神永远发扬下去。

《中国史话》系列丛书首批计 200 种，每种 10 万字左右，主要从政治、经济、文化、军事、哲学、艺术、科技、饮食、服饰、交通、建筑等各个方面介绍了从古至今数千年来中华文明发展和变迁的历史。这些历史不仅展现了中华五千年文化的辉煌，展现了先民的智慧与创造精神，而且展现了中国人民的不屈与抗争精神。我们衷心地希望这套普及历史知识的丛书对广大人民群众进一步了解中华民族的优秀文化传统，增强民族自尊心和自豪感发挥应有的作用，鼓舞广大人民群众特别是新一代的劳动者和建设者在建设中国特色社会主义的道路上不断阔步前进，为我们祖国美好的未来贡献更大的力量。

陈奎元

2011 年 4 月

作者小传

　　刘晖春，1964 年 5 月生，1986 年毕业于北京师范大学分校历史系。现任中国社会科学院科研局史学工作室主任，副研究员。

目 录

一 中国古代宰相制度概述

　　宰相制度是国家政治制度的重要组成部分，其形成与演变都以特定的社会和历史阶段为背景。研究宰相制度的演变，对于了解我国古代社会历史发展有着重要的意义。

　　宰相制度发端于春秋战国时期。宰相为百官之长，后也称相邦、丞相、相国或假相等。一般来说，以对君主负责总揽政务的人为宰相。宰相有主持、辅佐之意，但历代所用官名和行使职权的方式各有不同。宰相制度的上述变化是同社会经济的发展以及王权的完善相联系的。春秋各国为了应付大规模而又频繁的战争，既需要一支可以直接调遣的庞大常备军，也需要一套完善的国家行政机构，以便有效地组织全国的人力、物力。于是，建立以国君为首的中央集权制，在中央设置由国君直接任免的辅相和将军负责统帅文武百官，已成为历史的必然。春秋时期，某些国家已有总领百官的冢宰、太宰，然而这与后世以宰相作为总揽政务的最高行政长官有所不同。

　　自秦汉以后，官制渐趋复杂。秦灭六国，在我国

1

建立起第一个统一的中央集权的封建国家，确定了一套比较严密的官僚体制，宰相制度在这一时期得以形成，其职责是统领百官，协助皇帝处理国家的军政事务。西汉初期基本沿袭秦制，但自汉武帝以后，皇帝经常通过内廷管理文书的尚书台亲自裁决政务，并把秦时的丞相、御史大夫、太尉逐渐改名为大司徒、大司空、大司马（也称"三公"），以此削弱丞相的权力。东汉时，正式发号施令的机构为尚书台，三公的权力进一步受到削弱，只能办理一些例行公事。东汉末年，曹操掌握军政大权，自任丞相，将宰相的权力推向极致。

称帝后的曹丕以尚书台权力过大而设中书省。中书省掌握机要，负责起草和发布政令，逐渐成为事实上的宰相府，而尚书台则成了执行机构。晋代将汉代的侍中改为门下省，作为皇帝的侍从和顾问机构，长官为侍中。侍中的地位不高，却因近侍皇帝而握有大权。及至南北朝，国家颁布重要政令前，皇帝都征求侍中的意见，门下省遂成为参与国家大事的机构。可以说，从东汉到魏晋南北朝，都存在着一种特殊现象，即宰相皆因人而设，无定员，无定名，也无定职。但有一点是确定的，即能掌握实权的宰相都必须加上"录尚书事"的称号，以此区别于不处理日常公务的其他宰相。

隋唐五代的官制大致相同。隋代，辅佐皇帝处理全国军政机要的机构主要是尚书省、内史省（后称中书省）、门下省。三省长官皆为宰相。李世民即位前曾做过尚书令，大臣为回避之而不敢居其职，便以仆射为尚书省长官，与门下侍中、中书令同为宰相之职。自隋朝以来，因宰相品位尊崇，皇帝一般不肯轻易授人，故常以他官如"参知政事"或"参议得失"等为相。名称虽然不同，却都是宰相职位。唐高宗时，则用其他官员以"同中书门下平章事或同中书门下三品"的头衔参与朝政，执行宰相职权。中书令、侍中反不常设。以后，"同平章事"就成为宰相的衔号了。

宋代基本上消除了造成封建割据和威胁皇权的种种因素。宰相的权力日小一日，权力越来越集中于皇帝。在宋代的中枢机构中，真正掌握实权的是"宰执"（即宰相与执政的统称），宰相称中书门下平章事，副职称参知政事。参知政事又称"执政"，这一官职是宋太祖赵匡胤为牵制宰相而设置的。

忽必烈建立元朝，沿袭宋代的职官制度，建立了一套比较完善的官僚机构。元代废除门下省、尚书省、中书省为政务中枢，丞相、平章政事为宰相。皇太子为中书令、枢密使，领宰相之虚衔，实权则归左右丞相。蒙古人尚右，以右丞相为尊，丞相之职也仅限于由蒙古人担任。右左丞相之下，有平章政事4人，从一品掌管机要，为丞相副职，凡军国大事，悉由他们裁定。

明朝初年，在中央设立中书省，有左右丞相总理吏、户、礼、兵、刑、工六部事务。后因丞相胡惟庸专权被杀，中书省遂被明太祖朱元璋所废，由皇帝直接处理国家大事，六部尚书直接对皇帝负责。此后，明又仿照宋代殿阁学士之制，设大学士，充当皇帝顾问，班次列在六部尚书之上。但内阁大学士内受制于宦官，外无用人之权，独立发挥作用的机会很少。仁宗以后，内阁专门负责批答文章，草拟诏令，品位渐次提高，权势也随之增大，甚至超过以往的宰相，号为"辅臣"。

清初沿袭明制，设立内阁。但国家大政的决策者是"议政五大臣"，阁职渐微。雍正时，另设军机处于内廷，由满汉大臣出任军机大臣专司传达皇帝旨意、处理军政要务、任免官员和向皇帝呈送重要奏疏等，逐渐成为事实上的宰相。综上所述，秦汉以后历朝皆有宰相制度。秦汉之丞相、三公，唐宋之中书、门下、尚书三省长官及同平章事，明清之大学士等，皆谓之宰相，只不过名称各异。历代的宰相制度，虽然既有因袭又有沿革，但无一例外地都是皇帝不断以内廷私人机构制约外朝宰相，削弱宰相职权。汉代以内朝尚书制约外朝丞相；唐、五代以翰林学士、枢密使分割宰相职权；明代以内阁大学士取代中书职权；清代以军机大臣架空内阁。宰相制度的变化，是中央统治集团内部权力再分配的重要表现形式。皇权日重，相权渐轻，这是中央集权日益巩固的必然结果。正如史学家所言，宰相议政，由汉唐时的"坐而论道"到宋时"站而论道"，明清时则"跪而论道"了，这形象地反映了宰相地位的变化。宰相对中国封建社会的发展，有着举足轻重的作用。可以说，宰相权力的大小，宰相个人素质的优劣，都直接关系到政局的安危。如秦前期、西汉，相权比较稳固，国家安定繁荣。东汉、唐朝中后期、宋朝中后期、明中叶，相权削弱，外戚、宦官把持朝政，朝廷危机四伏，天下纷乱。相权重，国势则强；相权轻，国势则弱。从另一方面看，宰相的能力与素质，不仅影响着其政绩，而且关系着封建王朝的兴衰。中国历代都曾涌现出一些著名的宰相，如管仲、萧何、曹操、诸葛亮、魏徵、王安石、张居正等，他们推动社会发展的历史功绩，为世人所称颂。而奸相在历史上也屡见不鲜，如李林甫、杨国忠、秦桧、严嵩、和珅等，他们或擅权乱政、祸国殃民，或搜刮民脂民膏，给国家和百姓带来深重灾难，而为世人所唾骂。还有一些庸碌无为的"伴食"宰相，他们本无大才，却能以一身媚骨谋取高官厚禄而使官制日趋腐败。然而在封建专制主义的社会里，无论是有作为的杰出宰相，还是奸恶或无为的宰相，他们无不在皇帝的控制之下，其作用不过是皇帝的管家、封建皇权的守护人而已。

二 春秋战国时期的宰相制度及人物特色

春秋战国是中国历史上一个重大变革时期。奴隶制的东周王朝日趋没落后，各诸侯国为谋取霸主地位，纷纷招纳具有新兴封建地主阶级思想的贤士，委以重任，并确定封建国家的统治秩序，建立分工明确的官僚机构。官僚机构是以"相"和"将"为首脑的国家机器体系。

春秋战国时期的"相"与秦汉以后的宰相官职不太一致。此时封建专制国家尚未完善，封建集权制还刚萌芽，宰相的权力相对较大，诸侯只有依靠"相"的辅佐，才能成就大业，"相"的才能因此得以充分施展。例如管仲相齐时，把处于东海之滨的小小齐国，治理得井井有条，以至通货积财，国富兵强。齐桓公在其辅佐下，九次会盟诸侯，成就霸业。战国初期，魏相李悝通过变法的新政策，使魏国经济得到了长足发展，成为当时一个强盛的封建国家。当时，西方的秦国社会经济落后于东方六国，它以商鞅为相实行改革，并借鉴各国变法经验，制定了有力的变法措施，使秦国后来居上，到秦王嬴政时，国富民强，从而一举兼并六国，统一了中原大地。到战国中后期，兼并与反兼并的斗争上升为主要矛盾，宰相的功绩主要是外交上的成功。例如赵国名相蔺相如以不辱于强秦"完璧归赵"而著名。挂六国相印的苏秦，运用外交手段，使六国能够按照他的"合纵"思想和战略联合起来，共同抵御秦国的兼并。秦相张仪则利用外交谋略，在六国间施展"连横"策略，有效地瓦解了六国联盟，为秦灭六国奠定了基础。

春秋战国时期的宰相一般源于"士"。"士"是在奴隶制瓦解、封建制兴起的社会变革中形成的。其间，一部分贵族及其子弟因世袭制的覆灭而成为"士"。同时，出身庶民的人，也有跻身于"士"的可能。从"士"的行列中脱颖而出的宰相，正是适应了地主阶级的变法革新和谋求统一的历史潮流，成为地主阶级的政治家、思想家。

春秋战国时期各国在宰相官职的设置上极不统一，其含义与秦汉以后相比也比较空泛。宰相是"宰"和"相"的合称，前者为主持、后者为辅佐之意。春秋时，某些国家已有总领百官的冢宰、太宰或相，但这些官职只由某些卿大夫世袭。作为国家最高行政长官的相，其设立当萌芽于春秋的齐景公所设之左右相。战国时期最早设相的国家是魏国，之后是韩、赵两国。秦国置相较晚。秦孝公时，商鞅由魏入秦，始为左庶长，后升大良造，时未称相，其地位相当于三晋的相邦，史称"商鞅相秦"。赵国除丞相外，还有假相、假相国和守相。"假"意为兼理,"守"意指试用。战国时期的宋、卫、中山、东周等小国皆未设相。南方的楚国,在官职设置上自成一体,令尹为最高级的官称,相当于中原官制的相。尽管各国宰相设置的名称各异,其职权仍十分相似,即国君的助手、参谋、顾问,其权力不像秦汉以后那样受到皇权及内外朝官员的分割。

战国时期的宰相文武分离。相职一般由文人担任,只负责国家的政务;在军事上则由擅长兵法的最高军事长官即将负责(其职位仅次于相),以适应各封建国家统辖区域的扩大和连绵不断的兼并战争。

战国时期有些宰相是著名的政治家,也有个别宰相原本是投机者,借七国纷争之乱,四处游说,使某个国君接受自己的主张,以求高官厚禄,如秦相张仪和挂六国相印的苏秦。更有甚者为秦相吕不韦,他初与他国人质王子往来,只是因为王子"奇货可居",想从中取得更大的财富而已。尽管如此,这一时期的宰相在当时社会发展中仍产生了程度不同的积极作用。

 辅佐齐桓公成就霸业的管仲

少通诗书,文韬武略,辅佐桓公,宽以从政,依法治国,改革弊政,成就霸业。

管仲(? ~前645年),名夷吾,颍上(今安徽有颍上县)人。他所处的时代正是春秋列国并立、彼此征战不休之际。当时在黄河下游地区,有齐、鲁、郑、宋、卫5个比较强盛的大国。另外,还有邢、遂、谭、纪、杞等小国。大国又分两派：一派为郑、齐、鲁；另一派为宋、卫。小国则依附于大国。管仲的父亲管庄曾是齐国的大夫。到管仲时，家境已经贫寒。管仲少年时熟通"诗"、"书"，懂礼仪，会驾车射箭。为了谋生，管仲与好友鲍叔牙一同做生意。管仲本钱比鲍叔牙少，赚钱后却比鲍叔牙多拿一份。有人背后说管仲占便宜，鲍叔牙对人解释说，他家里困难，我愿意多给他一份。成语"管鲍分金"即指此事。管仲从军打仗时总躲在后边，退兵时却跑到前边。有人说他贪生怕死，鲍叔牙为他辩解说，管仲的勇气天下少有，他这样做，是因为他的母亲年老多病，需要他照顾。管仲知道此事后，非常感激鲍叔牙的知遇之恩。

当时齐国国君齐襄公荒淫暴虐，他的两个兄弟公子纠、公子小白分别逃到鲁国和莒国。管仲辅佐公子纠，鲍叔牙做了公子小白的师傅。齐襄公被臣下杀死，消息传来，两位公子都急于回国即位。管仲担心公子小白先到齐国，就带领几十辆兵车拦截。果然，在途中追上公子小白。管仲上前阻止，称公子纠回国即位才是正统。鲍叔牙据理力争，管仲无奈，趁公子小白车走远之际，偷偷拉起弓箭，向公子小白射去，公子小白应声倒在车里。管仲以为他已死，就准备护送公子纠回国。谁知公子小白佯装而死，却安然回到齐国抢先即位，他就是历史上的齐桓公。齐国出兵打败鲁国，令鲁国杀公子纠并交出管仲，鲁国只得照办。齐桓公想请鲍叔牙任齐相，鲍叔牙却将管仲推荐给齐桓公。齐桓公惊奇地问道："你不知道他是我的仇人吗？"
鲍叔牙劝齐桓公化仇为友，齐国的霸业需要管仲这样
的盖世奇才，并且指出管仲强于自己有五点，即："宽
以为政，惠以爱民；治理江山，权术安稳；取信于民，
深得民心；制订礼仪，风化天下；整治军队，勇敢善
战。"齐桓公听从了鲍叔牙的劝告，立即召见管仲，询
问如何使国家富强、社稷安定。管仲说，唯得民心。
要得民心，唯爱惜百姓。爱惜百姓，唯使百姓富足，
百姓富足则国家得以治理。是以安定则国富，混乱则
国穷。齐桓公又问如何处理兵甲、财力不足。管仲说，
兵在精而不在多。开发山林、盐业、铁业、渔业，可
增加财源。发展商业，取天下物产，互相交易，从中
收税，财力自然充足。管仲劝齐桓公一定要使百姓休
养生息，让国家富强、社会安定，否则难成霸业。管
仲治国称霸之策，令齐桓公精神振奋，遂拜管仲为相。

　　管仲为相后，提出"尊王攘夷"的方针。"尊王"
就是尊奉周天子。时周王室衰微，经济倒退，军事孱
弱，以致列国互相争战，中原无主，边境少数民族入
侵。管仲认为，为防止少数民族入侵，则必须"攘夷"
于外；必须以"尊王"作为被诸侯视为正宗的旗帜，
由齐桓公执掌，代天子行征伐之令，则天子便会尊齐
桓公为诸侯之长。

　　管仲还进行了一系列改革。在行政方面，管仲整
顿行政区划和机构，健全官制，以利于行政管理。在
军事方面，管仲把保甲制和军队组织紧密结合在一起，
每年春秋通过狩猎训练军队，提高军队的战斗力。为

宰相史话

10

了解决军队的武器装备匮乏问题，规定犯罪者皆可用盔甲和武器赎罪。在经济方面，管仲提出"相地而衰"的土地税收政策，就是以土地的肥瘠征收数量不等的赋税，使赋税负担趋于合理，以此提高人民的生产积极性。同时还鼓励工商业发展。从此，齐国经济走向繁荣。

管仲得知宋桓公即位，需要得到诸侯的认同，遂建议齐桓公以"天子"为旗号，会合诸侯，以成就霸主地位。齐桓公在得到周天子的支持后，即通告宋、鲁、陈、蔡、卫、郑、曹等国三月初一到北杏（齐国地名）会盟。实际上，届时只去了四个诸侯，齐桓公意改会盟日期。管仲说，三人成众，现在已经有了五个国家，不算少了。改期，则失信于人。于是，诸侯国在约定时间内开了会。齐桓公对诸侯说，王室衰微，我奉天子之命，会合诸位，一起商量如何扶助王室。会上，诸侯推举齐桓公为盟主，并制定盟约。盟约规定，尊重王室，扶助弱小国家，共同抵御"夷狄"入侵。倘有违背盟约者，则其他各国要采取联合攻击行动。

在管仲的辅佐下，齐国逐渐壮大，先后征服了鲁、宋、陈、蔡、卫等国。公元前667年冬，齐桓公召集鲁、宋、陈、卫、郑、许、滑、滕等国国君，在宋国会盟。当时，周天子的代表召伯以天子的名义，授予齐桓公侯伯爵位，使其成为名副其实的霸主。

北方山戎经常侵扰燕国，令燕国难以抵挡，遂向齐国求救。此时，齐桓公正全力对付南方的楚国，无意支援燕国。管仲对桓公说，征伐楚国的前提，必先胜山戎。北方安定，则征伐南方无虞。齐桓公遂出兵讨伐山戎。山戎战败后逃到孤竹国（今河北省西北）。管仲继续挥师北上，迫使孤竹国也投降了齐国。以后齐桓公又多次联合他国，反击北方狄人的入侵。

齐桓公在管仲的辅佐下，先后主持了三次武装会盟、六次和平会盟，还辅助过一次王室，这就是历史上所说的"九会诸侯，一匡天下"。

公元前645年，管仲病重，齐桓公前去探望，当谈到以后谁可辅佐国事时，管仲说，隰朋为人忠厚，可以帮助治理国家，而易牙、竖刁、卫公子开方则是三个小人，不可任用。齐桓公说，易牙能烹自己的儿子给我做肉羹，难道还不是真心对我好吗？管仲回答说，不爱自己孩子的人，没有人性。没有人性的人怎会忠于国君？齐桓公又说，竖刁宁愿伤残自己的肢体，开方父死都不回去奔丧，都一心侍奉我，难道不可以信任吗？管仲反驳说，此二人之举，违背人情。违背人情之人也不会忠于国君。齐桓公不听劝告，在管仲死后三年，齐桓公果然被易牙、竖刁、开方三人害死。随着齐桓公和管仲的相继过世，齐国的霸业也就付之东流了。

管仲堪称春秋时期著名的思想家、政治家。他主张法治，使举国上下不分贵贱皆以法为守。他认为国家治理的好坏，关键在于能否依法治国。同时，管仲也非常重视发展经济，说"仓廪实而知礼节，衣食足而知荣辱"，认为尊重民意，顺应民心，国家才会兴旺发达。管仲的这些思想对历代统治阶级维护其统治，具有深远的指导意义。

 ## 智勇兼备的赵国名相蔺相如

初为门客，谋略过人。出使秦国，完璧归赵。渑池之会，不辱他国。因功为相，忍辱负重。

蔺相如（约公元前 330～前 270 年），战国后期赵国人。赵国后期七雄并立，以秦国和赵国最为强大。秦国自商鞅变法后，厉行耕战政策，以并吞山东六国为战略目标。公元前 283 年，赵惠文王得到无价之宝和氏璧。玉璧玲珑剔透，晶莹明澈，放到暗处，熠熠发光。赵王爱不释手。秦昭襄王得知此事后即派使者与书赵王，愿以 15 座城池交换和氏璧。与大臣们商量对策的赵王担心同意秦国的条件后秦国不履行诺言；如不同意则又害怕秦国借此入侵。赵国君臣束手无策，惶恐不安。宦官缪贤向赵王推荐自己的门客蔺相如，说他胆大心细，能不辱使命。并说自己曾犯罪，企图逃往燕国。蔺相如阻止说，先生怎知道燕王会收留您呢？缪贤说，我曾陪赵王和燕王会晤于边境，燕王握着我的手，要与我交个朋友。蔺相如说，赵强燕弱，先生又得赵王宠信，所以燕国想与先生结交。如今您逃到燕国，燕王恐得罪赵王，定会把您送交赵王治罪，现在您不如主动向赵王请罪，以求豁免。缪贤采纳了蔺相如的建议，遂得以赦免。赵王听后即召见蔺相如询问对策。蔺相如认为秦强赵弱，不能不答应秦王的请求。赵王道出上述担心，蔺相如说，秦国用 15 座城池换一块玉璧，赵国如不答应，便有理亏；如秦王纳玉璧而不交城，则理亏在秦国。权衡利弊，让对方理亏为上策。赵王于是拜蔺相如为大夫，捧璧出使秦国。

秦昭襄王听说赵国使者带玉璧而来，非常高兴，立即召见蔺相如。相如恭敬地献上玉璧，秦王赞不绝口，还传给大臣及后宫美人观看，但却只字不提城池之事。蔺相如见秦王无意给予城池，就急中生智称玉璧上有斑点，请求指给他们看，秦王信以为真。相如持玉璧后退几步倚柱怒称：和氏璧乃天下至宝，赵国之臣都称大王情愿用 15 座城池来换乃是谎言。我却反驳说，百姓尚且能讲信义，何况大国的君主？这样，赵王斋戒 5 日后，才令我送来。可是大王对此却不恭不敬，让手下人传看此宝，我看大王并无诚意交换，为此我收回玉璧。如果大王以武力相逼，我宁可以头与玉璧一同碎于此柱。秦王害怕，连忙赔礼，令人拿来地图，指出要给赵国的 15 座城池。相如考虑到秦王不可信，便假称秦王也要斋戒 5 日，再举行收璧仪式，方可献上玉璧。秦王只好答应。蔺相如令手下人扮成商人，偷偷从小路将玉璧送回赵国。

5 天后，秦王召集群臣，邀请各国使臣，参加接收玉璧的仪式。蔺相如却空手而至，他镇静地说，秦国自穆公以来，前后有 20 余位君主，没有一个讲信义的，我担心再受欺骗而对不起赵王，所以令手下人将玉璧送回赵国。现在请求大王治罪。秦王大怒，欲将相如斩首。蔺相如从容地说，秦强赵弱，天下只有强国欺负弱国之事，绝无弱国欺负强国之理。大王若真想得到玉璧，不妨先割让城池，然后派使者取回玉璧，赵国决不敢辜负大王。我欺骗大王，罪该斩首，各国知道秦国为得一块玉璧而杀了赵国使者，必能分辨是非曲直。一席话令秦王哑口无言，便以礼相待，送走了蔺相如。蔺相如能够"完璧归赵"，充分显示了他临危不惧、胆略过人的才能。

此后，秦王对赵国一直耿耿于怀，总想伺机报复。公元前279年，秦王邀请赵王到渑池（今河南省渑池县）相会。赵王惧之，不敢擅往。上大夫蔺相如与大将廉颇一致认为，赵王如果不去，则示弱于秦。相如愿随赵王左右以为保护。廉颇则愿辅佐太子，倘若赵王逾期不归，就立太子为王，以绝秦国挟赵王之心。

约会期至，酒宴中秦王对赵王说，闻赵王喜乐，请弹奏一曲以赏我耳。赵王不敢推辞，勉强弹奏一曲。秦国的御史当场记下此事，称某年某月某日，秦王和赵王在渑池相会，赵王为秦王鼓瑟。赵王气得脸色发紫，却无法抗辩。这时，蔺相如手持瓦盆，跪在秦王面前说，赵王听说秦王能演奏秦国的音乐，请秦王敲个曲子！秦王脸色骤变，蔺相如举起瓦盆厉声说，大王不要以强凌弱，5步之内，我能把我的血溅到大王身上！秦王左右武士欲杀相如，相如怒吼一声，吓退武士。秦王无奈，只好勉强地敲了几下瓦盆。蔺相如吩咐赵国的史官记下，某年某月某日，赵王同秦王相会于渑池，秦王为赵王敲盆。秦国大臣不服气，让赵国割15座城池为秦王祝寿。蔺相如马上反驳说，请秦王割让咸阳为赵王祝寿。秦王见不敌赵国君臣，欲发兵赵国，却又惧已在边境严阵以待的赵国大军和蔺相如、廉颇这样的人才，便同赵王结为兄弟。为取信于赵国，还将己孙异人送到赵国做人质。

渑池之会后，蔺相如以功高拜为上卿，位在廉颇之上。廉颇不服气，扬言要羞辱蔺相如。相如听说后，始终避免与他相会。每次上朝，相如都称病，不与廉颇争高低。一次，蔺相如出门，望见廉颇，便回车上躲避。相如的舍人们抱怨说，我们离开亲人来侍奉先生，只因仰慕您的高尚节操。如今先生与廉颇同列，受他恶语中伤，反而惧怕，这种屈辱我们无法忍受，请求辞别。蔺相如说，诸位以为廉将军与秦王相比如何？舍人们回答，不如秦王。相如又说，秦王有这样的威势，我尚且在朝堂上怒叱于他，侮辱其群臣。我虽不中用，难道还怕廉将军吗？只是我认为强秦之不敢冒犯赵国，是因为赵国有我们二人。二虎相争，势不两立，必会两败俱伤。我只是视国家危难为至重而已。廉颇耳闻蔺相如的这番话，深受感动，便负荆请罪，二人从此结成生死之交。

蔺相如是战国时期出色的外交家，他的机智勇敢使自己国家不辱于强国。他以国家利益为重，不以一己荣辱为念的高尚品德，赢得了传世美名。

 3 持"连横"之策的秦相张仪

初为说客，以谋仕途，历经磨难，壮志不已；游说秦国，力主"连横"，投机取胜，因功为相。

张仪，战国时期魏国人，从小喜爱读书，分析天下大事，有远大的理想和抱负。成年后，他周游列国，游说自己的政治主张。可是人们一看到他那穷困潦倒的样子，就总以鄙视的态度对待他。张仪曾到楚国，求见楚威王，楚威王不见他。张仪只好投靠到令尹（楚国最大的官）昭阳门下做门客。有一次，昭阳同客人在水池边的亭子里饮酒，有人提议请昭阳取出楚威王赏赐给他的"和氏璧"，让大家见识一下。昭阳令人取来玉璧交给在场的客人传看。不料，天空涌起一片乌云，一场大雨即将来临。昭阳担心客人为雨所困，赶紧招呼散席。可不知玉璧传到谁手里就不见了，昭阳很不高兴，但又不好得罪客人，只好让大家回去。俗话说，人爱富，狗咬穷。因为门客中张仪最穷，所以遭到怀疑。昭阳令手下人用鞭子抽打张仪，逼他招供。张仪忍痛不肯招认。有人可怜张仪，把他送回家。妻子见丈夫遍体鳞伤的样子，哭泣着说，你不听劝告，执意做官，如今落魄成这副样子。张仪一边呻吟一边打趣儿说，你看看我的舌头还在吗？只要舌头没掉，我就有出头之日。

张仪病好后，又游说别的国家，均遭冷落。最后到了秦国。当时秦惠王正在为六国"合纵"抗秦的局面犯愁，张仪乘机搬出他的"连横"亲秦策略。秦惠王听后大为赞赏，遂拜张仪为客卿。张仪不断向秦惠王献计献策，成功地拉拢了魏国和燕国，破坏了"合纵"盟约。秦惠王看中张仪的才能，又拜他为相国，掌管军政大权。

　　南方楚国，楚威王已死，楚怀王即位。楚怀王本来就为秦国拆散六国"合纵"而担心，现又得知张仪做了秦相，害怕张仪报当年之仇，就重新订立"合纵"联盟。公元前 318 年，楚怀王做了纵约长。此后，齐楚又结成了联盟。两个大国结盟，对秦国的统一大业构成了威胁。秦惠王与张仪商议对策，张仪请求出使楚国，拆散他们的联盟。秦惠王应允。

　　张仪到了楚国，先用贵重的礼物，收买楚怀王手下的宠臣靳尚，由靳尚向楚怀王引见张仪。张仪对楚怀王说，如今天下只剩下七个国家，其中最强大的国家，要属齐、楚、秦三国。如果秦国同齐国联合，那么齐国就强于楚国；如果秦国与楚国联合，那么楚国就强于齐国。秦王表示愿意与楚国联合。如果楚国与齐国绝交，秦王保证与楚国永远和好，还情愿将商于一带 600 里的土地送给楚国。楚怀王庸禄无才，经张仪一说，马上就动了心，兴奋地说，秦国若能如此，我又何必与齐国结交呢？楚国的大臣都向楚怀王祝贺，只有客卿陈轸、三闾大夫屈原反对，揭穿秦国的阴谋。佞臣靳尚反驳说，如不与齐国断交，秦国怎么能白白送给我们土地呢？楚怀王表示赞同，一方面派人去与齐国断交，一方面派逢侯丑随张仪前去接收商于，还赠给张仪许多财宝。张仪和逢侯丑沿途喝酒谈心，如同亲兄弟一般。当他们来到咸阳城外时，张仪好像喝醉了似的，从车上摔下来。随从慌忙上前去扶张仪，张仪称自己的腿摔坏了，让他们把他送到城里治病，请同行的逢侯丑暂住客栈里等候。逢侯丑一等就是三个月，张仪称病不见他，逢侯丑无奈只好写信给秦王。秦王回复说，等相国病好了，再决定此事。在此期间，楚国与齐国绝交，激怒了齐宣王。齐宣王派使臣去见秦惠王，约秦国一同攻打楚国。张仪听说齐国有使臣来，立刻就去上朝。没想到在朝门外碰见了逢侯丑。逢侯丑上前询问土地之事，张仪故作惊讶地说，你为什么不去接收土地，还在此耽搁呢？逢侯丑回答，秦王让我等您病好后再办移交，现在就请您跟秦王讲清楚吧。张仪称，不就是我那 6 里封地吗，何必惊动秦王呢？逢侯丑听了大吃一惊说，不是商于 600 里吗？怎么是 6 里呀？张仪若无其事地回答，那大概是楚王听错了，我说的是我的封地 6 里，秦国的土地都是用鲜血换来的，一寸土地也不能白白送人，何况 600 里呢！

逢侯丑回楚国报告了事情经过，楚怀王气得暴跳如雷，发誓要捉住张仪，吃他的肉。于是发兵 10 万攻打秦国。秦国与齐国联合出兵，楚国腹背受敌，结果大败，连楚国汉中 600 多里土地也被秦国夺去。从此楚国元气大伤。楚怀王派屈原到齐国谢罪，叫陈轸到秦营求和，愿再割两座城作为礼物。秦惠王闻听后说，用不着割两座城，我愿用商于之地来换黔中之地。如楚王愿意，我们就退兵。这时的楚怀王痛恨的是张仪，声称只要秦王把张仪交出来，情愿奉送黔中之地。秦国那些嫉恨张仪的大臣鼓动秦王，认为以一人换几百里土地值得。秦王不同意。张仪反而劝秦王答应此事，秦王只好同意。

张仪到了楚国,楚怀王马上把他押起来,准备择吉日将他斩首,以祭祀太庙。张仪买通左右,传信给靳尚。靳尚又买通了楚怀王最宠爱的一个美人郑袖,叫她劝楚怀王释放张仪。这样,两个亲信说动了楚怀王,况且黔中的土地毕竟不情愿送给秦国,楚怀王就令将张仪放回秦国。张仪回到秦国,令秦将退兵,又劝秦惠王退还汉中一半的土地,重新与楚国和好。楚怀王为此称赞张仪够朋友。秦国所做的让步,目的在于进一步推行"连横"政策。

不久,秦王又派张仪游说列国。张仪先去见齐宣王,声称秦王与楚王彼此联姻,韩、赵、魏、燕纷纷割地给秦国,争先与秦国和好,齐国现在很孤立。如果秦国联合其他几个国家一起攻打齐国,那时齐国再想与秦国交好,就为时晚矣。齐宣王果然被张仪唬住,托张仪与秦王说合。接着,张仪一鼓作气,又跑到赵国和燕国游说,采取同样的手段蒙骗他们。在赵国时,他骗赵武灵王,称齐国已把海边一大块土地送给了秦国;在燕国,又骗燕昭王,说赵国也给秦国割地求和。骗得这些国君都表示要与秦国和好,燕昭王还同意将5座城池划给秦国作礼物。至此,张仪"连横"亲秦的策略取得了很大成功。他兴高采烈地回秦国报功,还没到咸阳,就听说秦惠王已死,秦武王即位。秦武王对张仪很反感,一些大臣也乘机在秦武王面前说张仪的坏话。张仪知道自己的职位难保,就对秦武王说,听说齐王特别恨我,说我欺骗了他,扬言一定要向我报仇。我们借此机会，也许能获取好处。我愿辞别大王到魏国。齐王知道我在魏国，肯定前去攻打。大王趁齐国与魏国交战之机，发兵夺取韩国，便可取道到成周，周朝的天下就归属于您了。秦武王于是赏了张仪30辆车马，派他到魏国。魏襄王拜他为相国。齐宣王听说张仪做了魏国的相国，果真发兵去打大梁。魏襄王不知所措，就请教张仪。张仪请他放心，打发心腹冯喜扮成楚国人去见齐宣王，告诉齐宣王说，张仪离开秦国是个计。秦王料到张仪去魏国，大王肯定与魏国开战，秦王好趁机打韩国，入侵成周，夺取周朝的天下，秦王这才送给张仪30辆车马，令他去大梁。如今大王果然要打魏国，不是中了他们的计吗？齐宣王悔悟，赶紧收兵。魏襄王为此更加信任张仪。不久，张仪患了重病，死在魏国。

　　张仪是个典型的投机政客，他所倡导的"连横"之策所以能够取得成功，关键还在于秦国自商鞅变法以来，国富民强，使中原各国都感受到威胁，总以为依靠了秦国才能保存自己。张仪正是利用了这种心理，采取分化离间的欺骗手段，以达到"连横"亲秦的目的。

倡议"合纵"挂六国相印的苏秦

　　一心入仕，几经挫折，苦苦用功，寻求方策。"合纵"入手，联合抗秦，六国相印，集于一身。声色犬马，富贵已极，联盟破裂，祸殃其身。

苏秦，战国时东周洛阳（今河南洛阳东）人，战国后期著名的政客。他绝非想在治国安邦上有所作为，只打算凭借自己的能言善辩谋取高官厚禄。最初，他求见周显王，被周王的亲信挡驾了。后又去秦国，见了秦惠王，阐述"连横"之策可以兼并六国。而秦惠王自从杀了商鞅以后，对外邦游说之士深恶痛绝，于是辞谢了苏秦。苏秦连遭冷遇，无所事事，闲逛了一年多，路费用光了，身上的衣服破烂不堪，不得不返回家中。他母亲一见他那副落魄的样子，就责骂他。妻子不理他，嫂子也对他倨傲无礼。苏秦不禁黯然泪下，决心争回这口气。从此，苏秦天天研究兵书，困倦得撑不住时，他就用锥子扎自己的大腿，扎得鲜血直流，然而精神却振奋起来。在一年多的时间里，他仔细研究了各国的地形、政治和军事情况，以及各国诸侯的心理特征等，逐步形成了适合各国的邦交策略。

苏秦说服两个兄弟为他凑足了路费。苏秦认为，在七国之中，论实力属秦国最强，如果游说六国，使他们联合起来抵抗秦国，不失为一个好的策略。他先到赵国，却无人为他引见赵王。后又到燕国，对燕国国君燕文侯说，燕国在各国中，虽有2000里土地，几十万军队，包括6000多名骑兵、600辆战车，但比起赵国和齐国，却弱得许多。强大的国家总有战事，而弱小的燕国反倒平安无事，这是什么道理？燕文侯称不知何原因。苏秦解释说，燕国没有受到秦国的侵略，是因为有赵国挡住秦国，使其不能越赵而犯燕。可大王不结交近邻赵国，反倒把土地送给远方的秦国。依我之见，大王应该首先与赵国订立盟约，然后联络中原诸侯共同抗秦。只有这样，燕国才会长治久安。燕文侯很赞成苏秦的主张，于是资助苏秦大量金帛，用车马将其送往赵国。

苏秦来到赵国。原赵王已故，新即位的赵肃侯厚礼款待苏秦，询问安邦之策。苏秦对赵王说，如今中原各国，以赵国最强，为秦国所注意。秦国不敢对赵国用兵，缘在有魏国和韩国作屏障。倘若秦国打败魏国和韩国，则赵国就难以保全。其实，东方六国的领土 5 倍于秦国，兵力 10 倍于秦国，如合纵攻秦，秦必败无疑。六国的土地有限，割地求和是亡国政策。大王只有约会诸侯，订立盟约，一方有难，其余五国相互支援，联合起来共抗强秦，才是救国安邦之策。赵王非常赞成苏秦"合纵"抗秦的策略，遂拜苏秦为相国，并把赵国的相印交给他，又送他 100 辆车马、1000 镒（合 2400 两）黄金、100 双玉璧、1000 匹锦绣，让他去约会各国诸侯。

苏秦如法炮制，向各国君主详细地说明割地求和之害与联合抗秦之利。各国诸侯都被他一一说服，纷纷赠送他许多金钱和随从。苏秦一路上前呼后拥，威风凛凛，引得沿途各处官员都出来拜见。途经洛阳城时，周显王预先令人打扫街道，派大臣到城外迎接苏秦。苏秦的母亲拄着拐杖站在道旁，高兴得不敢相信。两个兄弟和自己的妻子不敢抬头见他。他的嫂子趴在地上直打哆嗦。苏秦见嫂子这副模样，略带讽刺地问，嫂子先前那么高傲，如今为何这样？嫂子回答，叔叔地位高了，金钱多了，谁敢不恭敬！

几天后，苏秦回到赵国，受封为武安君。赵王又派使者约会齐、楚、魏、韩、燕五国诸侯于洹水（今河南境内）开会。苏秦在会上说，六国"合纵"抗秦之策，我已详告诸位君王，今"歃血为盟"，结为兄弟，一方有难，八方支援。苏秦手捧盛牛血的铜盘，请六国的君王歃血，拜告天地和六国的祖宗。赵王提议说，苏秦奔走六国，我们才得以联合起来，我们应该封他一个职位，请他专门办理"合纵"事情。五位君王一致赞成，公推苏秦为"纵约长"，并把六国的相印交给他，让他总管六国臣民。

六国"合纵"给秦国带来很大威胁。秦国的对策是采取拉拢政策，退还魏国几个城池，把公主许配给燕国的太子。魏国和燕国果然与秦国和好。赵王听到这个消息，就责备纵约长苏秦。苏秦不得不出使燕国。这时，燕文公已死，燕易王即位。燕易王见苏秦前来，就拜他为相国。燕易王这样做，目的是想为难苏秦，因为齐国刚刚从燕国夺取10城。燕易王说，当初先王听您劝说，合纵抗秦，六国彼此帮助。先王的尸骨未寒，齐国就抢夺我们的城池，洹水之盟还有何用？您是纵约长，总该想个办法。苏秦本来是为赵国来责问燕国的，如今倒先得为燕国责问齐国。他只好答应燕易王，向齐国要回10城。

苏秦来到齐国，对齐威王说，大王贪图燕国10城，致两国结怨，因小失大。我劝大王归还燕国10

城，以收天下人心，大王还能够号召天下，建立霸业。齐威王认为苏秦讲得有道理，就痛快地退还了燕国的土地。燕易王本来很感激苏秦，但因苏秦与燕王母亲文公夫人有私情，而对苏秦逐渐冷淡。苏秦见事不妙，便向燕王辞行说，我在燕国难成大事，不如往齐国，私下替燕国谋取利益。燕王答应了他的请求。于是，苏秦佯装得罪了燕王，逃到齐国。齐威王拜他为客卿。不久，齐威王去世，其子宣王即位。宣王好色贪财，苏秦投其所好，帮助他搜罗挑选美女，建造宫殿和花园，还向宣王宣讲孝道，使宣王耗费巨资和众多人力来安葬齐威王。苏秦的这些举动，目的在于使强大的齐国有所消耗，与其他各国势力保持均衡，便于协力抗秦。这些手段蒙骗了齐宣王，却瞒不过一些有见识的大臣，尤其是老相国田婴之子田文。那些反对苏秦所为的大臣，私下派人刺杀苏秦。苏秦被刺客所伤，力图报仇，在齐王宫他嘱咐齐宣王，为引出真凶，在他死后，割下他的头，悬于城门之上，就说苏秦有欺君之罪，故有人刺杀他，刺杀他的人应予奖赏黄金千两。这样，刺客就会自投罗网。说完，苏秦拔去身上的匕首，断气身亡。齐宣王按照苏秦的计谋，果然抓住了刺客。

苏秦作为一名政客，他所追求的是荣华富贵，其政治主张不过是他谋取个人利益的一种手段，并非治国安邦之策，也不符合统一的大趋势。因此，他死后六国合纵抗秦联盟便土崩瓦解了。

"奇货可居"的秦相吕不韦

身为商贾，善取机巧，匡扶异人，倾财而助。后为相邦，危难受命，推陈出新，稳住社稷，独揽大权。

吕不韦（？～前235年），战国后期卫国濮阳（今河南濮阳西南）人。出生于商人家庭，成年后奔走于各国经商。后来，他成为韩国阳翟（今河南禹县）"家累千金"的巨富。公元前265年，他经商至赵国都城邯郸，邂逅秦国王孙异人。异人是秦太子安国君的儿子、秦昭襄王的孙子。由于异人不是长子，生母夏姬也不受王太子安国君的宠爱，他在父亲、祖父心目中无足轻重，因而被抵押在赵国当人质。赵王因为秦国屡次发兵入侵，早想把异人杀了，幸亏平原君劝解，异人才保住了性命。异人在赵国的处境十分艰难。吕不韦根据"人弃我取"的生意经，发现了异人的潜在价值，认为他"奇货可居"，可以作为自己政治投机的对象。于是，吕不韦主动拜访异人。他对异人说，你是秦国的王孙，可现在你的处境窘迫，我有一个使你光耀门庭的办法。异人苦笑着说，先生是不是在取笑我？吕不韦回答，你祖父年老力衰已立你父安国君为太子。听说你父亲最宠爱华阳夫人，只有华阳夫人能立继承人，可是她却没有儿子。你兄弟20多人，你排行中间，又长期在外做人质，关系自然疏远。一旦大王去世，安国君做了秦王，你哪有机会去争做太子呢？吕不韦所言正好触及异人的痛处。异人马上询问有何良策。吕不韦对他说，以你目前的困境，既没有钱取悦你父亲和华阳夫人，也没有钱结交朋友。我虽然不很富裕，但是愿意拿出钱财，到秦国去替你活动，请安国君和华阳夫人确定你为继承人。异人听后喜出望外，急忙给吕不韦行礼，并许愿若能如此，将来愿与他共享富贵。

吕不韦先送 500 两黄金给异人，让他以此结交朋友，另外 500 两黄金买了珍奇异宝，由自己带到咸阳。通过华阳夫人的姐姐，吕不韦把这批珍宝送给华阳夫人，还讲述了异人在赵国如何贤明，日夜思念安国君和华阳夫人的好话。华阳夫人听后大喜，对异人颇有好感。吕不韦见时机成熟，就请华阳夫人的姐姐去劝说华阳夫人。于是，姐姐对华阳夫人说：妹妹年轻漂亮，受到安国君的宠爱，但是人老色衰就会失宠。现在你膝下无子，不如及早认下一子，确定为安国君的继承人。异人这样贤明，又主动依附夫人，如果能确立他为继承人，将来他对你感激不尽，你的地位就不会动摇了。

华阳夫人认为姐姐的话有理，就向安国君极力推荐异人作为继承人。安国君对华阳夫人一向言听计从，便满口答应，还派人用玉石刻了一个牌子，交给异人作为凭证。另外，安国君和华阳夫人还给异人许多食物和衣服，并聘请吕不韦做异人的师傅。

吕不韦帮助异人取得了王太孙的地位，欣喜地回到邯郸，请异人到家里饮酒。酒席上，吕不韦让已有两个月身孕的爱妾赵姬跳舞陪酒。异人被其美貌打动，请求吕不韦把她赏给自己为妻，吕不韦佯装生气，过后才答应送给他。不久，这个美女生下一子，取名嬴政。

嬴政9岁那年，秦昭襄王死，安国君继承了王位，异人以太子身份回到秦国。因为华阳夫人为楚国人，他便身着楚国服装，去看望华阳夫人。华阳夫人甚为欢喜，收异人为养子，改名为子楚。安国君在位不到一年就死了，子楚即位，是为庄襄王，吕不韦任相邦。秦庄襄王在位三年后也死了，即位的太子嬴政年仅13岁。嬴政让吕不韦接着任国相，以三朝元老和"仲父"的身份辅政，从而稳定了秦国的政局。直到秦王嬴政22岁亲政以前，秦国的军政大权一直掌握在吕不韦手中。在当权的12年中吕不韦为完成秦国统一大业制定了许多政策和措施。

在政治上，吕不韦一是注意起用老臣宿将，调整好统治集团内部关系，稳定国内的统治秩序；二是注意举荐人才，让他们在统一大业中发挥作用。吕不韦是个有见识的政治家，他对大臣委以重任，注意考察政绩，赏罚分明。

在经济上，吕不韦重视农业，兴修水利。在他第二次任相期间，修建了著名的郑国渠，大大改善了关中地区的灌溉条件，明显地提高了农作物的产量。上述政治、经济措施，使得秦国政局稳定，吏治清明，国力增强，比东方六国明显地占了优势，为秦的统一奠定了稳固的基础。他还贯彻"远交近攻"的方针，灭东周，伐三晋，屡战屡胜，兼并了大片土地，版图之广在六国中首屈一指，连成分割包围三晋的态势，为最后消灭六国做好了准备。

随着秦军向东的胜利进军，秦国统一中国的大趋势已不可阻挡。为了准备统一中国的军政策略，解决统一后封建国家统治的一系列问题，吕不韦命门下宾客（3000人），于公元前239年编著了《吕氏春秋》。这是我国第一部有组织、有计划的集体编写的文集，其中既包括哲学、政治、军事和道德伦理等知识，也包括自然科学知识，如同一部百科全书。

随着统一战争的不断胜利，吕不韦的权势日益扩大，封地也越来越多，从最初的食邑蓝田12县，到后来的食邑河南洛阳10万户；接着，燕国又送他河间10城作为封邑。吕不韦拥有三大食邑和家佣万人，堪称秦国（除秦王外）最富有的人。这就不可避免地引发了秦王嬴政与吕不韦争夺最高政治权力的斗争。

公元前239年，嬴政21岁，按照秦国惯例，次年就要举行冠礼，开始亲政了。恰在此时，吕不韦把《吕氏春秋》公布于咸阳市门，并告示"有谁能改一个字，就赏予千金"。尽管重赏的消息传遍全国，仍无人敢出来改动一字。这似乎表明吕不韦是秦国独一无二的"理论权威"。然而秦王嬴政生性专断骄横又具雄才大略，既不能容忍吕不韦的权势，更不会听从吕不韦的摆布。他们之间冲突的导火线，就是"嫪毐"事件。原来，据说吕不韦早就和秦王嬴政的母亲私通，后来秦王嬴政长大了，吕不韦怕被秦王发觉，就让自己的门客"大阴人嫪毐"假充宦官，混入宫中，与太后私通。嫪毐与太后生有两子，很得太后恩宠。嫪毐与太后密谋等嬴政一死，就立私生子为继承人。

公元前238年秦王嬴政到秦故都雍城举行冠礼，嫪毐乘机盗得秦王的玉玺和太后的玺印发兵作乱。早有戒备的秦王嬴政即令吕不韦等率军击败叛军。嫪毐被捕受车裂之刑，灭其三族。一年后，秦王借口吕不韦与政变有牵连，罢了他的相位。次年，他又被发配到蜀地。吕不韦知道大势已去，饮鸩而死。

总的来说，作为战国后期由分裂向统一的这一历史时期封建地主阶级政治家、思想家的吕不韦，其历史地位和历史功绩不应抹杀。他由一名商人走上政治舞台，固然有唯利是图、贪求权势的一面，但从其一生来看，他对秦统一中国作出了重大贡献。

三　秦汉魏晋南北朝宰相
制度及人物特色

　　秦于公元前 221 年统一了六国，结束了群雄争霸、征战不已的分裂局面，确立了中央集权制，秦王嬴政自称"始皇帝"，从此，中国历史上便有了"皇帝"的称号。秦在全国实行郡县制，并通过改革建立了一整套严密的职官制度，以维护至高无上的皇权。为了有效地行使皇权，秦始皇确立了以丞相为首的中央政府组织。丞相的职权十分明确，即上承天子之命，协助处理和执行政务，督率百官，掌管全国的政治和军事。秦始皇封丞相李斯为通侯，秦二世封丞相赵高为安武侯。丞相之下，有御史大夫负责监察百官，位为上卿，掌副丞相。

　　刘邦建立西汉王朝后，吸取秦亡的教训，在加强中央集权方面，注意拉拢贵族官僚和大地主、大商贾，使之成为维护中央集权的社会基础；另一方面又采用分封同姓王的方式扩大他的统治。同姓王封国的官制除太傅和丞相由朝廷委派外，其他官职与朝廷大致相同。汉武帝时，颁布"推恩令"，规定诸侯王除嫡长子继承王位外，其他子弟可在王国中封侯，也就是从王国中再分出几个侯国，自此王国的直属领地大大缩小，王国的实力日益削弱。汉武帝为了加强皇权，选用一批精明强干的官吏，参与朝政，称为内朝官，他们直接对皇帝负责。皇帝通过他们裁决政事，丞相之权随之削弱，只在名义上领衔上奏，主持廷议。但奏章的拆读与审议，转归尚书。丞相若有过失，反由尚书弹劾。此后，只有加"领尚书事"衔者，才能掌握大权；否则，即使三公也无实权。到哀帝时，丞相更名为大司徒。西汉官制不断变革，表明西汉政府通过努力调整统治阶级内部的关系来不断巩固皇权。武帝时，为了重用外戚贵族，改太尉为大司马，丞相的行政权力进一步受到削弱，丞相府也逐渐变成了执行既定政策的机构。东汉初年，刘秀鉴于西汉时期权臣当政、外戚篡权的历史教训，采取加强皇权的政策，将专制主义中央集权制度推向一个新阶段。刘秀将多数功臣封为列侯，只享受优厚的待遇，而不参与政治。对于朝中大臣，督责甚严，以至大臣难居相任。刘秀一方面削弱三公权力，一切政务不再由三公处理；另一方面则扩大尚书台的权力，使之成为皇帝发号施令的执行机构。

东汉后期，外戚和宦官争权的斗争愈演愈烈，统治集团分裂，军阀割据一方，在镇压黄巾军起义的过程中，扩大势力，彼此征战不休，造成了魏蜀吴三国鼎立局面。这三国都力求通过调整统治结构，以加强中央集权统治，恢复和发展农业生产，增强国力，完成统一大业。在官制方面，曹魏多有改革。曹丕即位后，改"相国"为"司徒"，再设中书监、中书令掌管机要，起草和发布诏令，逐渐形成了事实上的宰相，从而削弱了东汉以来所确立的尚书台的权力。魏仍以太尉、司徒、司空为三公，但都无实权，不参与朝政。蜀汉三公的名号，也基本上是功臣的虚衔。丞相掌握真正实权，如诸葛亮任丞相时，事无巨细，一切由他裁决。孙吴则从设置丞相到分置左右丞相，后又复置一丞相，不分左右。大将军在中枢机构中占有相当重要的地位，如陆逊、诸葛瑾在处理朝政中不仅仅局限于军事方面，他们的地位也在丞相之上。

由于魏晋王朝都是掌握军队的权臣废去前朝皇帝而取得政权的，因此，在官僚体制上就形成了军事与政治合一的局面。晋初不设置丞相。晋惠帝时，改司徒为丞相，后又罢丞相，复置司徒。此后或有相国，或有丞相，废置无常。中书监令掌管机要，多为宰相之任。从东汉到魏晋南北朝，宰相皆无定员，无定名，也无定职，只因人而设。但总揽大权之人，必须加上录尚书事的称号。

从秦汉到魏晋南北朝，历经两度统一、两度分裂，表明封建中央集权的确立并非一帆风顺。统治集团内存在激烈的权力再分配斗争，集中表现在皇权与相权的相互消长上。当皇权加重相权受到削弱时，掌握军权的权臣、外戚和宦官则擅权乱政，致使政治混乱和社会动荡；当相权强于皇权时，又有相权取代皇权的危险，以致出现挟天子以令诸侯，最后取而代之的现象。尽管皇权与相权反复较量，终以皇权的至高无上、相权的衰落而结束。尽管如此，在这一时期仍涌现出一批杰出的宰相，著名的有李斯、萧何、陈平、曹操、诸葛亮、王猛、王导、谢安等。无论是在战争环境下还是和平环境下，他们都以治国安邦的卓越才能而彪炳史册。

 ## 助秦统一六国的丞相李斯

为求仕途，拜师学艺，效力秦王，官位屡迁；嫉贤妒能，诬陷同窗，助秦统一，力主集权。

李斯（？～前208年），楚国上蔡（今河南上蔡县）人。年轻时做过掌管文书的小吏。后辞去小吏，到齐国求学，拜当时著名的儒学大师荀卿为师。荀子的思想接近法家的主张，有许多治国理论。李斯学有所成，经过周密计划，于战国末入秦。秦相吕不韦赏识他，让他做了一名属官。后成为秦王嬴政的侍卫，这使他有机会接近秦王。一天，他对秦王说：凡能成就大业的人，必须把握好机遇。秦穆公时，秦国虽强，但未能完成统一大业，原因就是时机还不成熟。自秦孝公以来，周王室势力衰微，各诸侯国连年征战，秦国才借机强大起来。现在秦国势力强大，大王贤德，如今是灭掉六国、完成帝王大业的最好时机，千万不能错过。秦王赞成李斯的意见，任命他为长史。接着李斯又劝秦王离间各国君臣关系，或用金玉珠宝收买各国大臣。李斯又因功迁为客卿。

　　为消耗秦国的人力和物力，韩国派一名叫郑国的水利专家到秦国鼓动修建水渠。但是水渠修到一半时，韩国的计划败露，被秦国一些大臣抓住了辫子，他们建议秦王下令驱逐一切外来卿客，以防止各国在秦国的破坏活动。于是，秦王下达了逐客令，李斯也在被驱逐之列。李斯为此写了一篇著名的《谏逐客书》，呈送秦王。其内容大致是：从前秦穆公为求贤才，从西戎请来由余，从楚国请来百里奚，从宋国迎来蹇叔，任用从晋国来的丕豹、公孙支。秦穆公用了这 5 个人，兼并了 20 国，称霸西戎。秦孝公重用商鞅，实行变法，使国家富强，打败了楚国和魏国，扩地千里。秦惠王采用张仪的计谋，瓦解了六国的合纵抗秦，迫使六国服从秦国。秦昭王得到范雎，削弱贵戚力量，加强了王权。这 4 位君王所用的均是客卿。如果他们也采取逐客政策，恐怕秦国就没有今天的强盛局面了。李斯进一步论述说：秦王的珍宝之物大多不产于秦国，美女良马亦来自他国，为什么这些可由大王使用却要驱逐客卿呢？由此看来，大王只注重财物，而不注重人才，这只会加强各国的实力，却不利于秦国的统一大业。李斯的上书言真意切，秦王很受触动，马上宣布取消逐客令，李斯以上谏之功被封为廷尉。郑国也向秦王进谏说，水渠建成对秦国有万代之功。秦王认为有道理，于是免除了对他的处罚，并令他继续修完水渠（竣工后称郑国渠）。

　　正当李斯仕途一帆风顺之时，秦王却对李斯的同学韩非十分赏识。韩非融汇荀子学说和法家思想，形成了自己的一套君主专制理论。论学问韩非在李斯之上，但韩非口吃，不善言辩。秦王喜欢韩非的才华，声称若能相见此人，虽死而无怨。一次，韩非以韩国使者的身份来到秦国。李斯知道韩非本领高于自己，将会妨碍他的仕途。于是，不等秦王留用韩非，就向秦王谗言韩非与韩王同族，秦要消灭各国，韩非爱韩不爱秦，这是人之常情。如果秦王决定不用韩非，将他放走，就如同放虎归山，不如把他杀掉。秦王轻信李斯之言，将韩非逮捕入狱。李斯用毒酒将其毒死，铲除了自己仕途上的障碍。

秦统一中国后，许多大臣以全国地域广大难以管理为由，提出效仿周代分封制，分封皇诸子为王。只有李斯提出不同意见。他认为周代分封子弟很多，后来逐渐疏远，以致彼此视为仇敌而征战不休，使周天子难以控制天下大势。现在国家统一，只有实行郡县制，天下才会安宁。秦始皇支持李斯的建议，将全国划分为36郡，郡下设县。博士淳于越出来反对实行郡县制，赞美分封子弟和功臣的好处，还声称，从未听说不以古为师天下却能久安的。淳于越的论调有悖于秦始皇中央集权的大政方针，秦始皇将淳于越交给廷尉李斯处置。李斯对秦始皇说，现在一些儒生崇尚古代，是以古非今，搅乱民心，不利于统一天下，也有损于皇帝的权威，并建议秦始皇下令焚书，消除儒家思想的影响。按照李斯制定的法令，凡非秦修史书及博士（指掌管古今文史典籍的官）所藏诗书百家之言都要烧掉，只存留医药卜筮种树之书。违犯者将处以

"弃市"（暴尸街头）之刑。不久，秦始皇又下令将咸阳的儒生460多人活埋，这就是历史上的"焚书坑儒"事件。

李斯得秦始皇赏识，官至丞相，其子女有的做官，有的与皇室联姻，门庭光耀，富贵已极。秦始皇以横征暴敛供其奢侈享受，致使民众不断反抗，遭到秦始皇的残酷镇压。公元前210年，丞相李斯与秦始皇最宠爱的小儿子胡亥随秦始皇第五次巡游。在北归途中，秦始皇身患重病，不久就死于沙丘（今河北巨鹿县东南）。

秦始皇死后，李斯害怕天下大乱，秘不发丧。胡亥的老师赵高，极想让胡亥称帝，以便摄取大权，并以威胁利诱的手段迫使李斯与之共谋废立之事，甚至擅改遗诏，令秦始皇长子扶苏及大将蒙恬自尽。

公元前209年，胡亥即位，是为秦二世。其统治比秦始皇更加残暴。一次，秦二世指责李斯未让君王随心所欲，反使君王辛勤劳苦。李斯听后十分害怕，为得到秦二世的信任，他提出了一套"督责之术"，实际上就是以严刑酷法和君王的独断专行，对臣下和民众实行"轻罪重罚"的政策，使人人不敢轻举妄动。李斯认为，只有对臣下专横，君主才能为所欲为，巩固地位。秦二世采纳了李斯的"督责之术"后，许多忠臣惨遭杀戮。

秦二世为了镇压农民起义，不断地征兵征徭役。李斯等上书秦二世，请求减免赋税徭役，正与宫女寻欢作乐的秦二世对李斯等人十分恼怒，下令将他们逮捕入狱。赵高借机诬告李斯与其子谋反。次年，李斯被秦二世所杀。

 治国贤相萧何

拥立刘邦，起兵反秦；楚汉争霸，转漕关中；一心为国，举贤纳士；官拜相国，以为功人；为除君虑，违心自污。

萧何（？～前193年），江苏沛县人。年轻时就以精通文墨、待人宽厚而闻名遐迩。萧何曾佐刘邦起义，与刘邦结为患难之交。萧何任秦朝沛县吏"主吏掾"之职时，刘邦在沛县乡里落拓不羁，不拘小节，好酒色，常被人瞧不起，萧何却器重他。刘邦任亭长时，萧何作为他的上司，经常帮助他。有一次，沛县县令的好友吕公宴请宾客，县中豪杰带着贺礼钱纷纷赴宴。萧何主管宴会，负责接收财礼。萧何规定凡送礼钱一千以下者坐在堂下；送钱一千以上者坐在堂上。赴宴的刘邦谎称送礼钱一万，实无分文。萧何一边对吕公说笑刘邦爱说大话，很少办成事；一边迎他坐到堂上。刘邦落落大方，被吕公看中，把女儿许配给刘邦，她就是后来的吕后。萧何还经常资助刘邦。刘邦身为亭长，常常被派遣到咸阳办公事。县里的小官吏都送他300钱作资俸，唯独萧何送给他500钱。

陈胜、吴广反秦起义后，萧何等人拥立刘邦为沛县起义武装的首领，乘机起兵。刘邦号为沛公，萧何为主丞。当项羽率师渡河北上，击败秦师主力章邯军数十万于巨鹿战场时，刘邦则挥师西进，日夜兼程，乘虚攻入秦都咸阳。义军一进入咸阳，诸将纷纷奔向秦王朝的府库，争夺金银财宝。唯独萧何对财物无动于衷，反而急往秦丞相御史府，收取律令图书文献档案，并精心保存。在随后爆发的楚汉之战和汉初的创业阶段，刘邦能够对山川险要郡县户口民生疾苦等了如指掌，都得益于萧何收取的资料档案。

按照义军拥戴的楚怀王之约，诸路义军首先入关破秦者，即可称王。可是项羽毁约，封刘邦为汉王，偏居西南的巴蜀。刘邦及其属将都主张与项羽决战。萧何认为敌我实力悬殊，决战条件尚不成熟，劝刘邦以巴蜀为基础，积蓄力量，再与项羽争夺天下。刘邦听从了萧何的意见，拜萧何为丞相。萧何任相后，为刘邦确立养民致贤方略，积极引荐天下能人志士。

韩信是胸怀大略的将才，曾先后投奔过项梁、项羽，可惜都未受重用。刘邦做了汉王，韩信弃楚归汉。起初刘邦不识韩信之才，只给他管理粮饷的治粟都尉之职，韩信不辞而别。萧何曾与韩信多次接触，深知他是盖世奇才，听说韩信逃走，便去追赶，慌忙中竟忘记禀报刘邦。有人报告刘邦说，萧丞相逃走了，刘邦顿时感到像砍去了自己的左右手一般，整日焦躁不安。等到萧何回来时，刘邦欣喜之余又责备他不该逃跑。刘邦认为萧何追赶一员普通的将领实在不值得。萧何却郑重地说，韩信是天下独一无二的人才，夺天下必须要靠韩信这样的人共谋大计。刘邦遂拜韩信为大将军。当天，刘邦安排了隆重的仪式，让韩信到高台上受命统帅三军。此后，刘邦召见韩信，询问平定天下之策，发现他确实是难得的将才，也更加佩服萧何的识才能力。后来，刘邦依靠韩信击败项羽。也许正是因为萧何善于识才用才，刘邦才把其他有功之臣称为"功狗"，而唯独赞美萧何为"功人"，意思是说，猎狗只能追擒野兽，而猎人却能指挥猎狗。诸将只不过是擒杀野兽的猎狗，只有萧何才称得上是猎人。

楚汉大战，萧何以丞相身份留守关中，输送士卒粮饷，支援作战。萧何身居关中，心系天下，把治理关中作为辅佐刘邦创建帝业的大事。他一心侍奉太子，建立宗庙，制定法令，安抚百姓，发展生产，使关中地区很快富庶了起来。

公元前 205 年，刘邦率 56 万大军与项羽决战于彭城（今徐州市）。项羽以精锐部队，大破汉军于睢水之上。汉军 10 余万人被杀，10 余万人被逼入睢水，睢水为之断流。刘邦率数十骑兵突围，以残兵败将困守荥阳。在这危急关头，萧何紧急动员关中父老补充兵员，汉军士气为之大振。第二年荥阳之战，项羽以重兵攻城，刘邦以诈降之计，率数十骑从城西门逃出走成皋。当时，萧何总揽关中大权，稍有二心，就能置刘邦于死地。刘邦多次派人，以慰劳之名，窥察萧何的举动。萧何为消除刘邦的猜忌，声援刘邦和安定军心，将其子孙昆弟送上前线。公元前 203 年，楚汉成皋之战，刘邦再次失败。后靠收取韩信所部收复成皋，至此楚汉之争已历时四年，就连曾经实力雄厚的项羽也陷入兵员、食物匮乏的困境。刘邦的部队却因萧何"转漕关中，给食不乏"而兵强马壮、粮草充足。最终逼得项羽兵败东城，自刎而死。由此可见，汉军的胜利应归功于萧何在关中的后勤支援。

萧何在政治生涯中，也时有违心之举，特别是在刘邦诛杀功臣时，他曾参与设计捕杀淮阴侯韩信。韩信死后，功高盖主的萧何也为刘邦所忌。前方征战的刘邦，常派人探询萧何的举动。于是有宾客警告萧何说，相国功称第一，深得关中百姓拥戴，皇上数次探问，就是怕您倾动关中。您为什么不多买点田地，用贱价强赊，在百姓中留下坏名声，使皇上安心呢？

萧何治家素以节俭著称，平时置办田宅，只挑些偏僻之处，从不侵占民田。如今，为免遭杀身之祸，只好采纳了宾客的建议。刘邦在前线听说萧何强赊民田，引起民怨，心中大喜。刘邦回到长安后，又有许多人状告萧何。刘邦将这些状纸交给萧何，责怪他不该如此对待百姓。一向勤于民事的萧何，在生性多疑的皇帝身边，只能靠自污之举而免一死，这实在是个悲剧。

公元前195年，汉高祖刘邦病死，萧何辅佐太子刘盈登上帝位，是为惠帝。过了两年，萧何积劳成疾，惠帝亲临病榻问候，询问相国百年之后应由谁接替他的职务。萧何力荐曹参代己为相。萧何与曹参在贫贱时交情很深。后来萧何因功位居曹参之上，两人始有隔阂。萧何不计前嫌，不泄私愤，主动荐举曹参，足见一代名相宽宏大度、以大局为重的风范。后来曹参忠实地执行萧何休养生息的社会政策，使西汉国力日强。对于萧何的这些功绩，后人给予了高度评价。

3 名相陈平

家境贫寒，羞于淡泊，才貌过人，行为不检。勇闯乱世，几易其主，辅佐汉王，屡出奇计。善用权谋，随机应变，匡扶汉室，以功为相。

陈平（？～前178年），阳武（今河南原阳东南）户牖乡人。少时家境贫寒，仅有田30亩。陈平身材高大，仪表不凡，喜读书，好黄老之术。

陈平在家中从不劳动，到了结婚的年龄，富家都不肯将女儿嫁给他，他又羞于以穷家女儿为妻。豪绅张负的孙女5次出嫁，5次丧夫，以致无人再敢娶她，陈平却有情于她。有一次，陈平帮助别人料理丧事时，被张负相中，认为他定能成为盖世之才。张负尾随陈平到家，见陈家在城墙边的穷巷里，以草席为门，门外却有不少有势人家停车的印迹，更觉得陈平非等闲之辈，遂有联姻之意。张负回家后，对儿子张仲说了自己的想法。张仲却认为陈平贫穷且无所事事，不肯将女儿嫁给他。张负说，陈平仪表堂堂，必成大器，岂会长久贫贱？张仲终于同意把女儿嫁给陈平。鉴于陈平家境贫寒，张负就借钱给他作聘礼，又资助他结婚的费用。张负还叮嘱其孙女，不要因人家贫穷而失礼节。陈平婚后生活宽裕，与外界的交往更加频繁。

陈胜起兵抗秦，在陈县称王，派兵平定魏地，立魏咎为魏王，与秦军在临济交战。陈平认为成就大业的时机已到，就去投奔魏王咎，作了太仆。然而魏王从不采纳陈平的建议，还有人背后恶语中伤他，陈平只好离开魏王。当时，项羽驻军黄河岸边，陈平就去归顺项羽，追随项羽击败秦军，项羽任陈平为卿。项羽东归，在彭城称王。汉王刘邦挥师平定三秦，向东挺进。殷王司马昂背楚降汉，项羽封陈平为信武君，派他领兵攻打殷王。殷王败降，项羽拜陈平为都尉，赐黄金 20 镒。

不久，汉军又攻取殷地。项羽恼怒，欲杀曾平定殷地的将领。陈平恐遭不测，就将项羽所赐黄金和印绶派人归还项羽，只身逃走。渡河时，船夫见陈平装束非同凡人且单身独行，误以为他是逃亡的将军，必身带金银财宝，伺机杀他。陈平有所察觉，就脱去衣服，赤身裸体地帮助撑船，遂免遭不幸。

陈平投降汉军，魏无知将其引见给刘邦。刘邦与陈平交谈时发现陈平很有才能，就拜陈平为都尉，让他同自己一起坐在车内，监督诸将。将领们不服陈平，刘邦却不以为然，反而愈加敬重陈平。很快又任陈平为亚将，隶属韩信，驻扎广武。

刘邦手下将领周勃、灌婴等人看不起陈平，说他俊美的相貌只像是帽子上的珠玉，徒有其表。还说他在家时常与其嫂私通，并且还接受诸将的贿赂。他曾经侍奉过魏王楚王，现在又投奔汉王，可见他是个品行不端反复无常的乱臣，恳请大王三思。刘邦因此怀疑陈平，责问魏无知为何推荐这种人？魏无知回答说，大王用人是用才能而不是用品行。如今即使品行高尚，也于战争的胜负无益。现在楚汉对峙，臣举荐奇谋之士，考虑的只是他的策略是否有利于国家。至于盗嫂受金，又怎能影响他的才能呢？刘邦责问陈平，你几次易主，难道是信义之士所为吗？陈平说，我侍奉魏王，魏王不采纳我的意见，所以追随楚王。楚王不信任外人，只信任宗亲，而不任用奇谋之士。我听说汉王善于用人，故来投靠。我一无所有，倘不接受些钱财，便难以办事。如果没有可用的，大王所赐钱财皆予返还，请大王允我辞官。汉王听后表示歉意，并重赏陈平，升任他为护军中尉，监督所有将领，诸将从此不敢妄言。

荥阳之战，楚军断绝了汉军运送粮草的通道，把刘邦包围在荥阳城，刘邦想以割去荥阳以西的代价与楚军议和。项羽不允。刘邦向陈平征询破敌之策。陈平说，项羽吝于行赏，而大王慷慨赏赐。用重金收买项羽手下大将，离间楚军将帅关系，使之相互猜忌并互相残杀，汉军再趁势攻打，必能打败楚军。刘邦欣然采纳了陈平的建议，拿出 4 万斤黄金交给陈平。陈平用这些黄金在楚军中进行离间活动，公开散布钟离昧等人为项羽领兵打仗，功劳很大，却始终不被封王，他们想与汉王联合灭楚，然后各自为王。项羽果然怀疑起这些人，并派使者到汉军那里察看情况。刘邦特地准备了丰盛的酒宴，侍者端着佳肴进去，见到楚使，佯装惊讶地说，原来不是亚父的使者，而是项王的使者，又端走饭菜，换成粗劣之食送给楚使。楚使回去后如实禀报项羽，项羽又怀疑起范增，甚至连范增要加紧攻打荥阳城的重要建议也不予采纳。范增得知项羽怀疑自己，大怒而别，后病死在回家的路上。陈平在夜间令 2000 名妇女从荥阳东门出城，楚军迎头攻击。陈平却随汉王乘机从西门逃走，随即进入关中，收罗散兵，再次东进。此后，刘邦在张良、陈平等人的帮助下，终于打败了项羽，陈平被封为户牖侯，世代承袭。

汉惠帝六年（公元前 189 年），相国曹参去世，惠帝任安国侯王陵为右丞相、陈平为左丞相。惠帝去世后，吕后打算立吕姓子弟为王，征询王陵的意见，遭到王陵的反对。吕后很不高兴，又问陈平的意见，陈平认为可以。事后，王陵谴责陈平的行为。陈平解释说，犯颜谏净，我不如您；保全社稷，确保刘氏后人，您不如我。王陵无言以对。吕后免去王陵丞相之职，让陈平任右丞相。吕后死后，陈平便与周勃合谋，诛杀吕产、吕禄等，拥立文帝刘恒。陈平以其非凡的胆识和韬略，确保了汉朝刘姓天下的稳固。

文帝即位后，以陈平、周勃为丞相。陈平称自己功不如周勃，请文帝让周勃担任右丞相，自己为左丞相，位居其次。

文帝询问周勃，全国一年审理和判决多少案件？一年收入和支出的钱粮有多少？周勃回答不上来，急得汗流浃背。文帝又问陈平，陈平回答说，陛下要了解审理和判决的案件，可以问廷尉；要了解钱粮的收支情况，可以问治粟内史。文帝又问，既然各有主管之人，那你们主管什么事呢？陈平回答：作为宰相，在上辅佐皇帝，调理阴阳，顺应四时，在下使万物适时生长；在外镇抚四夷和诸侯，在内亲附百姓，使公卿大夫各尽其职。陈平的这番话，集中概括了汉代宰相的主要职责。文帝对此表示满意。周勃深感惭愧，自知不如陈平，不久就借口有病，请求免去相职。陈平独自担任丞相，直至文帝前元二年（公元前178年）去世。

汉魏时期的杰出政治家曹操

乱世英雄，陈留起兵，逐鹿中原，铲除豪强，力兴屯田，志在统一；知人善任，唯才是举，赏罚分明，几平海内。

曹操（155～220年），沛国谯（今安徽亳县）人，字孟德，小名阿瞒。生于大官僚家庭。作为汉魏时期的杰出政治家，曹操在中国历史上的非凡作用，使他成为了历代宰相中的佼佼者。

曹操所处的年代，正是东汉迅速走向没落的时期。当时朝廷宦官外戚两大政治集团争权夺利愈演愈烈，严重削弱了专制主义中央集权的统治。各路豪强为了各自的利益，彼此征战不休，出现"出门无所见，白骨蔽平原"的荒凉景象。曹操能够在这样的乱世中脱颖而出，立挽狂澜，施展政治抱负，是与他受特殊家庭影响和自身的谋略才学分不开的。曹操的祖父曹腾曾做过30余年的宦官，地位显赫。汉顺帝年间，皇帝下令允许宦官养子袭爵，曹腾收养了曹操的父亲曹嵩。后来曹操的政敌袁绍还就这段身世，在讨伐曹操的檄文中诋毁曹操的父亲，目的在于诋毁曹操为"赘阉遗丑"。曹操非但不怒，反而大大赞扬檄文文笔的精彩，表现出一个政治家的大度。曹操的父亲曹嵩从司隶校尉转为九卿之一的大司农和大鸿胪，后又出钱买到了三公之一的太尉。曹操受荫于曹家的权势，20岁时就得到州郡的推荐，以"孝廉"为"郎"，很快又做了洛阳北部尉，进而升为顿丘令。后又征入中央为议郎。曹操34岁时，被任命为西八校尉之一的典军校尉。然而曹操绝非一般纨绔子弟，他具有敏锐的政治眼光。宦官集团在当日日益堕落，曹操不愿随着这样一个腐化阶层苟活。于是他设法打入当时在统治阶级中代表新生力量的豪强地主集团。曹操经过许多曲折，博得了"世名知人"的太尉桥玄的赏识，被桥玄称为"命世奇才"。曹操又通过桥玄的关系，结识了当时名士汝南许劭，被许劭称为"治世之能臣，乱世之奸雄"。这些评论，很快就引起了豪强地主集团代表人物袁绍的注意。他们二人关系日渐密切，曹操很快就加入到反宦官集团的领导核心，并参与了剪除宦官的密谋。

　　剪除宦官集团后，大军阀董卓控制了政权，他倒行逆施，滥杀无辜，为天下人所痛恨。曹操看准董卓注定要失败，冒死拒绝与董卓合作。他化装逃出都城，投奔友人吕伯奢。吕伯奢不在家，吕家人的殷勤招待反使曹操顿生疑心，于是乘夜剑杀吕家8人而去。在他发觉是个误会后却说"宁我负人，无人负我"，此话反映了曹操的处世原则。

曹操在政治上的成功，首先取决于他的谋略和才学。曹操自幼就善使伎俩。据说曹操的叔父不喜欢曹操，经常在曹操父亲面前说曹操的坏话。一次，曹操见叔父走来，立即做中风状，样子十分痛苦。待其父闻讯探望他时，他却安然无恙。其父感到很奇怪，便询问缘由。曹操说，我本来无病，是叔父不喜欢我，故意编排我。从此，曹操的父亲不再相信兄弟的话。曹操诡诈多端，工于心计于此可见。曹操还善谋略，从陈留起兵一直到曹操死去的 30 年中，他"手不舍书，昼则讲武策，夜则思经传，登高必赋"。他在文学方面也造诣颇深，留下了许多脍炙人口的诗句。如"老骥伏枥，志在千里，烈士暮年，壮心不已"等名句，气势雄伟慷慨豪迈。曹操精兵法，重视学习前人总结战争经验的论著，历经 30 余年战事，在实战中构建了自己的军事理论。曹操自 35 岁起兵陈留与吕布争兖、徐，与袁绍战官渡，击败三郡乌桓，取荆州，进兵关陇，统一北方，同刘备争夺汉中和襄樊，与孙权相持，在合肥、皖城等战事中各个重要战役，大多是由曹操亲自指挥的。在官渡之战前，曹操经常战败，但他善于接受教训，虚心采纳正确意见，因而在以后的官渡之战、柳城之战、当阳之战、渭南之战中屡战屡胜，从而使他从乱撞乱碰的鲁莽家成为能驾驭战争全局具有深谋远虑的杰出军事统帅。

曹操对推动历史发展作出了两大贡献：一是统一

了北方，结束了北方长期分裂割据的局面；二是实行了屯田制。曹操是在天下分崩离析的情况下统一北方的，唯其艰难，才显示曹操历史作用之巨大。当时政治腐败，军阀割据，征战不息，百姓流离失所，人民渴望过上安定和平的生活。在这种情况下，汉帝就成了人民心中统一的象征，忠于皇帝就是爱国。曹操顺应民心，志在统一北方，遂运用"挟天子以令诸侯"的策略，瓦解了敌人的政治和军事优势，壮大了自身的力量，巩固了统治。同时继承了汉朝的政治遗产，利用汉朝的政治机构和人才，逐步建立了安定的统治秩序，使汉献帝成为傀儡。曹操借口洛阳残破，将汉献帝接到自己的老家许昌定都，还以汉帝名义自命为"领司隶校尉，录尚书事"，实为宰相。

　　为完成统一大业，曹操改革东汉后期的政治制度，大胆提出"唯才是举"，并先后下了4次求贤令。他认为"有行之士未必能进取，进取之士未必能有行"，他要重用那些"负污辱之名，见笑之行，或不仁不孝有治国用兵之术"的人，对东汉的传统思想进行了大胆的挑战。正是这一用人政策，使他团结了一大批有识之士，其左右人才济济，为统一奠定了良好的基础。在治国方面，曹操始终坚持以法治天下的思想，曾制定严酷的军法，以禁止士兵对百姓的骚扰。如在行军中，禁止士卒践踏田禾，违令者死。曹操率先守法。有一次，曹操带兵经过一片麦田，突然从麦田里飞出来一只斑鸠，曹操的战马受惊，踏坏一大片麦田。曹操叫来执法官定自己的罪，执法官不肯。曹操便割下

49

自己的一缕头发扔到地上，作为对自己的惩戒。曹操割发代首，全军上下无不肃然起敬。严明的军纪，深得天下民心，并成为统一天下的法宝。鉴于战争引起粮荒和饥民四处流浪，以及国家财政必须有能力支付战争的开支，曹操实行了屯田制，通过这种战时经济形式，将流离失所的农民组织起来，在荒废的土地上进行生产，由国家供给农具与耕牛，免除屯田客的兵役与徭役，收获的粮食十分之五六归国家。仅许昌附近实行屯田一年，就收获粮食百万斛。此后又推行到各地。数年中粮食产量大增，军粮供给有了保障。曹操的屯田政策对曹操统一北方起了决定性作用。

像曹操这样在中国历史上起重大作用者，可谓前无古人，后无来者。究其原因，主要在于他托丞相之名而行帝王之事，在封建政治舞台上表现得淋漓尽致：建安元年（196 年）迎汉献帝定都许昌后，就自为司空；建安十三年又自为丞相；建安十八年，用汉中央名义，以冀州魏郡等 10 郡，封自己为魏公；建安二十一年，又晋爵为魏王。曹操将邺城定为王国的首都，在邺城建立魏的社稷宗庙，设相国、御史大夫、尚书令、尚书、侍中、六卿等官，俨然是个皇帝，汉帝不过是曹操的一个傀儡而已。曹操曾经说："设使国家无有孤（曹操自称），不知当几人称帝，几人称王。"如果没有曹操按照自己的政治抱负统一北方，只靠昏庸的汉帝去定夺天下，那么分裂的国家不知要持续多长时间。曹操也曾为自己的行为辩解说，别人怀疑他有不逊之态，他也本想荣归故里，享受悠闲的生活，但唯恐放弃兵权后，别人会加害他及子孙，国家也因此又会处于危险的境地。因此可见他不徒虚名，宁愿负天下之人，而不使天下之人负他。

孙权在曹操死前几个月，写信劝曹操称帝，曹操很高兴，把信传给部下看，众多文臣武将都明白曹操的意思，认为汉朝时至今日，只有虚名，而曹操"十分天下而有其九"，所以劝曹操为皇帝。曹操却说："若天命在吾，吾为周文王已。"意思是说，即使当皇帝的时机成熟，自己也不当，而让自己的后辈当。建安二十五年（220年）正月，曹操病死，年65。应该说，曹操所具备的才能应比别人所具备的才能更适合当时社会的需要，时代给了曹操优越的社会条件，而曹操的才能又顺应了这些条件得以施展。鲁迅先生称曹操是英雄，当是这个缘故。

 ## "鞠躬尽瘁，死而后已"的
蜀汉名相诸葛亮

自幼孤贫，历尽沧桑，博览群书，胸怀大志；慕晏婴之智，负管乐之才，思得名主，以赞王业；献《隆中对》，联吴抗曹，谋取荆益，力扶汉室；鞠躬尽瘁，死而后已。

诸葛亮（181～234年），东汉琅邪郡阳都（今山东沂南县）人。诸葛亮幼时，父母因病相继去世。诸葛亮兄弟姐妹全靠叔父诸葛玄抚养。诸葛玄曾带上诸葛亮姐弟赴襄阳（今湖北襄樊市），投奔旧友刘表。诸葛玄在刘表处不及被任用就病逝了。19岁的诸葛亮与其弟过着躬耕田野的隐居生活。诸葛亮虽身处贫寒，却胸怀治国安邦之志，他博览群书，广交名士，切磋学问，议论天下形势，常自比管仲、乐毅。东汉末年，朝政腐败，民不聊生，以致天下农民起义风起云涌，各路军阀乘机割据一方，相互征战。以曹操为代表的军事集团，力挫群雄，挟天子以令诸侯，基本上统一了北方。作为一代枭雄的刘备，虽早有复兴汉室、澄清天下之志，但逐鹿中原，屡战屡败，此时已失掉多年经营的徐州地盘，正依附刘表，屯军新野，为其守卫荆州门户。刘表昏庸猜忌，难以相处；刘备寄人篱下，郁郁不得志。在刘备周围不乏良将勇士，唯少贤士筹划大略。经名人指点，刘备三顾茅庐，向隐居隆中的诸葛亮请教复兴汉室的大计，27岁的诸葛亮提出了著名的隆中对策。

在《隆中对》中，诸葛亮系统地分析了天下形势，指出刘备的主要敌人是曹操，而割据江东的孙权，则是联合的对象。荆州、益州地理位置重要，而且沃野千里，国富民安，是可供发展的理想之地。诸葛亮提出的战略目标是复兴汉室，一统天下。而实现这一目标必须分两步走：首先，占领荆、益二州为立足点。第二步是在天下形势发生变化时，就采取两路出击的战术，荆州军出襄樊，北攻宛洛，牵制敌主力并伺机掠地；益州主力由刘备率领出汉中，取关中为根据地，进而夺取天下。在这一策略中，诸葛亮总结了汉高祖刘邦和光武帝成功的历史经验，以此为鉴。诸葛亮特别强调，在实现这一策略的过程中，必须联合孙权，借助孙权的力量牵制曹操，避免自己两线作战的被动局面。《隆中对》以其精辟的论述，令后世之人为之叹绝。它在后来蜀汉政权的建立和巩固中，一直作为制定国家的内政外交和军事等一系列基本战略方针的基础。实践证明，诸葛亮这一战略思想是正确的。

刘备与诸葛亮君臣间的关系，无论从刘备方面还是从诸葛亮方面，都可谓如鱼得水，他们的合作堪称历史上皇帝与宰相合作的楷模。刘备思贤若渴，待人至诚，为请得诸葛亮出山而三顾茅庐，此为天下美谈。在这点上，刘备与曹操、孙权相比，具有明显的优势。诸葛亮的远大抱负和经世之才只有在刘备那里才能得以充分发挥。赤壁之战后，曹操兵败，以致无暇东顾，由此形成曹、刘、孙三足鼎立的局面。221年，刘备称帝，建立蜀国，以诸葛亮为丞相，对诸葛亮委以重任。然而，诸葛亮在取胜曹操之后，未能及时调整战略，却墨守隆中对策的陈规，对于孙吴在背后下手的危险性估计不足，加上关羽刚愎自用，最终造成关羽被杀、荆州失守的严重后果。此后刘备集团的势力被迫收缩到三峡以西。刘备震怒之余，不顾诸葛亮的谏阻，决定兴倾国之师，为关羽报仇，进而夺回荆州；但战略和战术上的错误，导致兵败夷陵，退居白帝城。不久，刘备就因忧愤悔恨而病倒。他马上派人去成都，请来诸葛亮等人安排后事。刘备嘱咐诸葛亮说："我当初没有听从丞相的劝告，自讨失败，如今后悔莫及。我子刘禅软弱无能，我只好把大事托付给丞相，如果他值得辅佐，丞相就辅佐他；否则，丞相就取而代之。"诸葛亮听后感动得痛哭流涕，表示一定要尽心竭力辅佐太子治理天下。刘备在遗嘱中，教导其子刘禅凡事要请教于丞相，待丞相如父亲一样。

刘备死后，诸葛亮辅佐17岁的刘禅即皇帝位。刘禅封诸葛亮为武乡侯、丞相、领益州牧，国家之事"事无巨细，咸决于亮"。这一时期蜀汉正处于一个困难的境地，刘备东征讨吴之后，军事力量受到严重削弱，国内政局不稳，一些地方豪强乘机反叛投敌，曹魏和孙吴也企图消灭蜀汉。在这生死存亡之时，诸葛亮采取重修孙刘联盟之策，派尚书邓芝以中郎将身份出使东吴，开展外交攻势，劝说孙权恢复吴蜀联盟，获得成功，从而解除了蜀国的外部之忧。此后，诸葛亮便一心整顿内政，用以增强国力。在政治上，诸葛亮根据蜀国当时的积弊，确定了严刑峻法的方针。益州原来的统治者刘焉、刘璋都是昏庸无能之辈，政策法令十分混乱，世家大族都无法无天，不把政府法令放在眼里，这种恶习一直延续到蜀汉政权。针对这种情况，诸葛亮采取了一系列有效的措施。这些措施的特点是赏罚一律平等：只要是做了有利于蜀汉政权的好事，即使过去是仇人，也会给予奖赏；如果违法乱制，做了不利于蜀汉政权的错事、坏事，就是贵人亲人乃至自己，也要给予惩罚。量刑时，考虑犯人的认罪态度，如犯人能认真服罪，真心悔过，则给予从轻处置，使他们能有将功补过的机会；对那些犯了法又拒不认罪，还巧言诡辩、文过饰非的人，则给予加重处罚。诸葛亮制定的这一政策切中时弊，收效甚速。不仅豪族地主不敢再胡作非为，新生的蜀汉政权和诸葛亮本人也很快获得了百姓的真心拥戴。令人叹服的是，即使受过诸葛亮亲自处罚的人，也都对他心服口服。蜀国经诸葛亮的治理，"吏不容奸，人怀自厉，道不拾遗，强不侵弱，风化肃然"，而且"邦域之内，咸畏而爱之，刑政虽峻而无怨者"。这种局面在历史上是不多见的。

诸葛亮在加强法制的同时，对吏治也进行了改革，推出新的人才政策。诸葛亮身居百官之首，在用人方面，不拘一格，广开才路，举贤任能。蒋琬曾是不被刘备重用的小吏，诸葛亮认为他有安邦治国之才，就提拔他为参军，不久迁为长史，加抚军将军。姜维本为魏国的将领，诸葛亮认为他精通军事，又有胆识，是个不可多得的人才，于是设计将他从敌垒中争取过来，任他为奉义将军当阳亭侯，以后又升为征西将军。这二人在诸葛亮病逝后，均成为蜀国的支柱。由于诸葛亮知人善察，使贤任能，因而在政治、军事、科技等方面都取得了很大的成就。

在经济上，诸葛亮根据蜀国山川地理气候的特点，采取因地制宜之策，大力发展农业和手工业。为保证农业生产，他下令在都江堰地区设堰官，命堰官每年率领1200名士兵专司修堰补堤、疏浚河道，充分发挥这一水利工程的灌溉功效。蜀锦一直驰名内外，诸葛亮认为它是保障战争胜利的最主要的经济来源，所以鼓励老百姓种桑养蚕，大力发展蜀锦生产，并设锦官，对蜀锦生产实行专门管理。蜀地山岭纵横，地下矿产极为丰富，早在秦汉时期，盐铁生产已经相当发达。诸葛亮以富国强兵的战略眼光，专门设置了盐府校尉和司全中郎将，把这些关系国计民生的盐铁开采和冶铁铸钱等手工业的经营大权直接掌握在官府手中。诸葛亮还亲自视察指导采铁冶铁铸剑等生产。诸葛亮也重视科学技术的发展，他自己就是个发明家，曾根据汉代的鹿车改进制作了木牛流马。它机动灵活，一次可载一人一年的口粮，解决了蜀道狭窄所造成的运输困难，保证了战时物资的后勤支援。经诸葛亮治理，蜀国经济很快繁荣起来。

诸葛亮在外交和处理少数民族问题上，始终坚持执行《隆中对》中提出的"西和诸戎，南抚夷越，外结好孙权"的方针。刘备兵败夷陵时，南中（今四川南部和云南贵州一带）少数民族部分奴隶主和汉族豪强也乘机作乱。诸葛亮从统一的大局出发，除对少数首恶分子严厉镇压外，对随从叛乱的少数民族头领则采取宽容政策。他曾以"七擒七纵"的气魄，对以孟获为首的少数民族上层人物在政治上、思想感情上实行争取。孟获勇猛善战，在当地少数民族中颇有威望。诸葛亮采取"攻心为上"之策，每次擒获孟获，诸葛亮都下令不要伤害他。孟获作战勇敢，却缺少策略，因此七次被诸葛亮所擒，又七次被诸葛亮释放。最后，孟获心悦诚服地表示，今后不再反叛。诸葛亮摒弃前嫌，仍任命他做地方官。这一宽容政策获得了少数民族的信任，安定了后方，巩固了蜀汉政权。

诸葛亮在平定南中叛乱后，解除了蜀汉的后顾之忧，使他得以把战略目标转向北方的曹魏。由于双方军事力量对比悬殊，蜀汉谋求固守就等于坐以待毙，因而诸葛亮采取以攻为守的战略，在军事上力求主动，集中兵力，北上讨伐曹魏。诸葛亮率军六出祁山，与曹军交战，虽取得了一些局部胜利，但在整个战略方面，并未取得任何进展。诸葛亮北伐是在蜀国处在"存亡之秋"时进行的，是在极其困难的条件下争取立国生存的权利。北伐虽然没有达到"兴复汉室"的目的，但却阻止了曹魏南犯，魏国想争夺蜀国之地也并非易事。诸葛亮为争取蜀国的生存，终于积劳成疾，病死在五丈原（今陕西岐山县）军中，时年54岁。

诸葛亮戎马生涯的后半生，对蜀汉的统一事业可谓"鞠躬尽瘁，死而后已"。在他死后，根据他的遗嘱，把他葬于定军山（今陕西勉县西南）。诸葛亮死前选择此处为葬地既表示了对战场的怀念，又表达了他对未完成统一大业的遗憾。

诸葛亮一生生活俭朴，没有任何财产。他身居相位多年，在生活上始终严格要求自己，深得后代百姓的爱戴和尊敬。尽管诸葛亮至死未能实现他的远大抱负，但仍不愧为一代名相、一位杰出的政治家和军事家。

 东晋杰出的政治家王导

身为士族，匡扶东晋，官至宰相，权倾上下。维护皇权，尽忠尽责，一生节俭，树立正气。

王导（276～339年），琅邪临沂（今山东临沂北）人，出身士家大族，祖父王览官至光禄大夫，父亲王裁曾任镇军司马。王导少年时就表现出过人的才智，陈留名士张公就认定他必成大器。王导曾在西晋时担任东阁祭酒、秘书郎、太子舍人等官职，后又当过东海王司马越的幕僚。与王导关系最密切的是琅邪王司马睿。王导一心协助司马睿，并深得其器重。司马睿出镇下邳时，请王导为安东司马，参与军机和决策。

不久，刘曜率汉国军队先后攻破洛阳和长安，俘虏了西晋的两位皇帝，西晋灭亡。建武元年（317年）三月，琅邪王司马睿在王导的支持下，在建康（今南京）称晋王，重新建立晋朝，史称东晋。

东晋王朝是在南方及北方南迁的世家大族的联合支持下才得以建立的。但在司马睿初到南方时，南方的世族都不来拜见他。王导对此十分担心，他知道司马睿是皇族中较疏远的一支，声望不够，所以得不到世族的拥护。为了尽快摆脱这种被动局面，王导想方设法笼络世族，同时在南方世族中间积极树立司马睿的形象与权威。王导与王敦安排司马睿在三月水上斋戒沐浴的节日里，乘坐金碧辉煌的轿子出游，前有威武整齐的仪仗队鸣锣开道，后有王导、王敦兄弟，以及从北方避乱而来的名士骑着高头大马，好不威风。南方世家大族首领顾荣、纪瞻听说司马睿出游，挤在人群中观望，看到司马睿一行的排场和气派，不禁脱口叫道：江东有主了！江东有主了！他们赶紧带了一些人，争先恐后地来到路旁，拜见司马睿。随后王导又建议司马睿拉拢南方大族中的著名人物顾荣、贺循等人。司马睿于是派王导登门拜访他们，请他们出来做官，结果江南的世族如风吹墙头草一般，全都投靠到司马睿帐下。从此，司马睿在江南站稳了脚跟。与此同时，王导还积极拉拢南迁的北方世家大族。

大兴元年（318 年）三月，在王导、王敦以及南北世家大族的联合支持下，司马睿即皇帝位，是为元帝，以王导为宰相，主持朝政，尊王导为"仲父"、"萧何"。在举行皇帝登基大礼的时候，他多次请王导和自己同坐御床，接受文武百官的拜贺，但王导执意不肯。作为一个开明皇帝，令臣下与之共坐，表明了王导在东晋王朝中的显赫地位，故当时民间有"王与马共天下"之说。事实上，司马氏的势力还不及王氏的势力。王导做宰相，控制着朝政大权，其兄王敦为荆州刺史，都督江、扬、荆、湘、交、广六州的军事，率重兵镇守武昌，掌握着军事大权。其他重要的官职，大多数也被王氏占有，皇帝没有实权。

为了争取南北士族之间的相对平衡，协调南北士族间的矛盾，王导采取的措施是分别给予他们经济利益。他一方面保护南方士族地主的既得利益，使之不受北方士族的侵犯；另一方面又推行"侨寄法"，即在南方士族势力较弱的地区，设立侨州、侨郡、侨县。侨寄法表面上是为了安置北方逃来的士族和民众，实际上是使北方士族凭借其势力在寄居地继续奴役逃亡的民众，为其创立新产业。这些举措对于开发南方经济，促进农业发展，都起了积极作用，使东晋政权得到了政治和经济方面的有力保证。

司马睿即帝位后，对王氏的权势过大不满，企图削弱王氏的势力。他启用刘隗、刁协为心腹大臣，私下调整军事部署，释放扬州地区内沦为奴仆的北方流民，把他们编成军队，任命南方士族戴渊为征西将军，都督兖、豫等6州军事；刘隗为镇北将军，都督青、徐等4州军事，分驻合肥、淮阴，名义上是北讨石勒，实际上将矛头对准王敦。王导也逐渐被疏远。王导在这种局面下，仍能保持常态，不作任何计较。王敦原本就有篡逆之心，乘机以替王导申冤清除奸佞之臣为借口，在武昌起兵反叛，随后攻入建康，杀死戴渊、刁协、刘隗等逃奔石勒。王导认为佞臣扰乱朝政，最初同意王敦率军"清君侧"。事成之后，皇室势力受到严重打击，王敦仍不善罢甘休，企图进一步篡权夺位，王导坚决予以制止，出面维护皇权。王敦无法实现他的野心，只好退回武昌。

晋元帝动摇不了王氏的势力，忧愤而亡，其子司马绍继承皇位，是为晋明帝，王导辅政。王敦又认为有机可乘，再次图谋篡权，王导却始终站在皇室一边。王敦举兵进犯途中病重，王导则率领其族子弟为他发丧，众臣以为王敦已死，精神振奋。晋明帝亲自率军讨伐王敦，命王导都督诸军，领扬州刺史。王敦病死，叛乱平定。明帝进封王导为太保，食邑3000户，赐绢9000匹，后进位太傅，可佩剑上殿，入朝不拜。对此殊荣，王导坚决辞让。明帝死后，王导又与庾亮同受遗诏，共同辅佐仅5岁的成帝司马衍。石勒入侵阜陵，成帝下诏加封王导为大司马，持黄钺，率军讨伐。石勒退兵后，苏峻又起兵反叛朝廷。平定叛乱后，宫廷、庙宇都已化为灰烬。当时国库枯竭，库藏只有布数千匹，国家经费严重不足。王导为此十分担忧，就与朝臣同穿粗布做的单衣，建康人士见了都争相效仿，引起粗布价格暴涨，库藏布全部卖光，于是缓解了朝廷财政危机。

成帝一向尊重王导，王导每次进宫，成帝都起身相迎。适逢天旱，王导上书检讨自己的过失，请求辞去官位。成帝下诏说，全国干旱已久，百姓积怨过深，国家治理不善，责任只在我一人。这本是为君的过失，若责备于您，就更增加我的过失。成帝不准王导辞退，多次下诏，王导才出来办事。

王导生活俭朴，家中仓库里没有粮食，不穿丝织衣服。成帝知道后，给布万匹。王导身体不好，不能坚持上朝，成帝特许他乘轿入殿。王导病逝后，人们对这位救世良臣十分怀念，对他的忠君治国情操十分崇敬，称中兴名臣没有人能与他相比的。

 ## 7　辅助前秦统一北方的贤相王猛

身处乱世，贩箕为生；为辅前秦，屡建功勋。不畏权贵，执法如山；南征北战，助秦统一。

王猛（325～375年），青州北海郡剧县（今山东寿光东南）人。王猛幼时，北方战乱不已，民不聊生，王猛跟随家人逃往魏郡（今河南与河北交界处）避难。王猛家境贫寒，小时便以贩卖簸箕为业。王猛在战乱的年代，一面做生意，养家糊口，一面刻苦学习，广泛汲取各种知识，尤其是军事方面的知识，为其日后成就大业打下了坚实的基础。

东晋永和七年（351年），氐族首领苻健占领关中，建都长安（今陕西西安市西北），称天王大单于，国号秦（史称前秦）。次年苻健称帝，势力日强。354年，东晋荆州镇将桓温北伐，击败苻健，驻军灞上（今西安市东），关中父老夹道欢迎，王猛闻讯前去拜见桓温。桓温问王猛，为何关中豪杰没有人到我这里效劳。王猛直言相告说，您不远千里深入敌境，长安城近在咫尺，您却不渡灞水攻取之，大家不知您的心思，所以不肯来。王猛一针见血，触及了桓温拥兵自重的心病。桓温为此称赞王猛江东无人与其相比。桓温请王猛留在军中，王猛认为东晋乃是士族的天下，自己难以有所作为，就拒绝与之南下。

前秦苻坚是十六国时期杰出的政治家。他十分重视吸收汉族文化，博学强记，潜心钻研经史典籍，成为氐族中文武双全的佼佼者。他广招贤才，以图统一天下。后经尚书吕婆楼举荐，与王猛相见，两人谈论天下大势，甚为投机。苻坚恳留王猛辅佐和出谋划策。苻坚诛灭苻生后，自立为大秦天王，以王猛为中书侍郎，掌管军国机密。

前秦始平地方（今陕西兴平武功一带）社会治安混乱，地方豪强勾结强盗，鱼肉乡里，百姓怨声载道。

符坚遂派王猛前往治理。王猛到任后，深入民间体察民情，颁布法律，还采取有力措施，严惩主犯。有个奸吏作恶多端，被王猛当众鞭打而死。地方恶势力害怕殃及自身，纷纷上告朝廷，中伤王猛。符坚不知详情，下令将王猛抓来问罪。符坚对王猛说，治理天下应以仁德感化，你到任不久就杀人，多么残暴啊！王猛回答说：社会治安有序的地方，用礼义治理，违纲乱纪的地方，就应当依法治理，陛下要我去治理，我只杀了一个首恶之徒，打击不法分子的气焰，怎么能说我残暴呢？不肃清那些危害社会治安的豪强势力，就辜负了陛下的重托。符坚听了立刻放了王猛，称赞王猛是历史上的管仲、子产。王猛因功绩卓著，很快升为尚书左丞。他办事公正，执法严明，精明强干，在 36 岁那年，接连升迁 5 次，官至尚书左仆射（相当于宰相）、辅国将军、司隶校尉，一时间"权倾内外"。

氐族豪帅出身的姑藏侯樊世依仗自己曾帮助符健打天下的功劳，最先出来当众侮辱王猛，还扬言要杀死王猛。符坚大怒，命将其斩首示众，遏制了朝野权臣对王猛的非难。当时朝廷上下有一批氐族显贵，自恃有功于朝廷，恣意妄为，无法无天。王猛由咸阳内史调任侍中中书令（皆为宰相之职），兼京兆尹（京都长官）后，听说贵族大臣皇太后之弟张德酗酒行凶，抢男霸女，即下令逮捕张德，先斩后奏。接着又与御史中丞邓羌合作，全面整治祸国殃民的公卿大夫，铲除不法权贵 20 多人。文武百官有所震慑，豪强不敢妄为，百姓路不拾遗。符坚为此感叹说，直到今天我才知道天下有法可依，天子至高无上。

王猛治国首重举荐贤才，认为吏治和用人制度化，才能保证国家长治久安。他帮助苻坚创立了荐举赏罚和官吏考核制度，其中规定：地方官分科荐举孝、悌、廉直、文学、政事人才，上报中央，经朝廷考核，合格者分授官职；凡所举荐人才名副其实，则奖励举荐者，否则受罚。

王猛把教育作为治国的重要举措，他促使前秦恢复了太学和地方各级学校，强制公卿以下子孙入学。苻坚在王猛的影响下，广泛吸收汉族先进文化，推崇孔子，宣扬儒教，使氐族建立的前秦政权拥有了文化根基。王猛还注意调整民族关系。前秦废除了胡汉分治之法，促进了各族之间的相互融合。在王猛的主持下，在全国范围内兴修水利，奖励农桑，推广先进的生产技术，减免部分租税，减轻人民负担。这些措施使国库殷实，国力增强。

前秦的一系列改革，为前秦统一北方奠定了基础。王猛为前秦制定了军事策略，即稳定西北，使无后顾之忧，然后争锋东南，以图大业。在这个战略方针指导下，首先运用政治和军事手段，收服匈奴刘氏部、乌桓独孤部，以及鲜卑没奕干部和拓拔部的代国等。随后，王猛率军进攻东晋所属荆州北部诸郡，掠取一万余户凯旋。紧接着，王猛又率军讨伐羌族叛乱者，大破前凉军队，夺占前凉重镇桴罕（今甘肃临夏东北），为前秦扫清了统一中原道路上的障碍。

正当前秦准备消灭前燕时，东晋桓温北上攻燕，

64

燕王慕容暐以割地给秦为条件，请前秦救援。前秦群臣反对救燕，唯有王猛主张"先救后取"之策，联合前燕大破晋军，杀敌 4 万余人，桓温大败而归。此后，前秦以前燕毁约，命王猛指挥征讨前燕，一年后前燕亡，前凉被迫归降前秦。前秦基本上统一了北方。

王猛为前秦呕心沥血，积劳成疾，一病不起。苻坚前去探望，询问后事。王猛对苻坚说，东晋虽偏处江南，但为华夏正统，且上下一心。臣死之后，陛下万不可图灭东晋；而鲜卑、西羌等是我大敌，应尽快消灭他们。不久王猛病死，年仅 51 岁。遗憾的是，苻坚没有听从王猛的遗言，在王猛死后 8 年，不顾群臣反对，悍然发动对东晋的战争，结果在淝水之战中一败涂地，鲜卑和羌族乘机反叛，致苻坚于死地，前秦由此而亡。

 8　建立华丽家族的谢安

受命危难，拯民水火；镇以和静，御以长算；临危不惧，从容对敌；排兵布阵，再生孔明；淝水之战，百世留名。

谢安，字安石（320～385 年），出身于陈郡阳夏（今河南太康）谢氏士族高门。谢安作为东晋的宰相，在东晋即将被前秦灭亡之际，准备和实施了淝水之战前后的政治和军事战略。在国家危难之时，充分显示出这位著名政治家驾驭时局的雄才大略。

谢安青少年时期，就为政界名人王导等人所器重，称赞他气度文雅潇洒，洞察事理，思路敏捷，处事稳重。他出仕前鄙视荣利，洁身清素，与世无争。朝廷多次征召谢安入朝为官，都被谢安谢绝。谢安此举并非是对政治漠不关心，只不过是在等待机遇，至年40余，始出仕。

谢安既是淝水之战的决策者、总指挥，也是提高谢氏家族政治地位的关键人物。东晋时期是王、庚、桓、谢四大门阀士族相继执掌东晋国家内外军政大权的时期，士族之间争权夺利，矛盾尖锐，大有一触即发之势。谢安面对腐败的政治，采取以静制动的方针，静观事态的发展。但是，当谢安之弟谢石北征兵败，被朝廷废为庶人，谢氏家族面临衰败时，谢安就一改初衷，入朝出仕。初随桓温，任司马。为了家族的利益，他忍辱负重，卧薪尝胆。在桓氏与司马皇室的政治斗争中，谢安坚决反对桓氏的篡权行为，极力维护皇室，从而受到朝廷的重用，以至入辅中央，由侍中到吏部尚书、仆射、后将军、扬州刺史、中书监、骠骑将军，录尚书事。及至桓温病死，谢安以皇帝年幼独掌朝政。

当时南北对峙，东晋力量微弱，偏安一方；北方前秦消灭大部分割据势力，基本统一了北方。苻坚进而打算吞并东晋所辖的南方地区。因此，前秦与东晋这场兼并与反兼并的战争不可避免。战争前，辅政的谢安在认真分析了国内形势后，采取了"镇以和静，御以长算"，"务举大纲，不为小察"的政治纲领和战略思想。当时的形势是：晋王朝自南迁以后，表面上偏安江南，实际上内忧外患危机四伏，国力空虚；士族门阀争权夺利，丢城弃地，晋王朝皇权危如累卵。在这种形势下，谢安首先协调和笼络各派政治势力，维护东晋政权。桓氏家族属军事实力派，桓温死后，其弟桓冲代掌兵权。谢安为了稳定局势，巩固皇权，表现出一个政治家的深谋远虑，屏弃个人恩怨，对桓氏集团中的桓石虔、桓石民委以重任，委桓冲都督江、荆、梁、益、宁、广等7州诸军事，领扬州刺史。谢安对桓冲非常尊重，桓冲出京赴任，谢安率领众臣送行。谢安以"和静"政策，有效地融和了各大士族派系。谢安在经济方面继续奉行"宽众息役，惠益百姓"的政策，有效地缓解了下层百姓的生活痛苦。谢安出任宰辅以后，把"不存小察，弘以大纲"当作他施政的指导原则，营造了一种宽松的政治环境，使东晋在淝水之战前，形成了空前团结的政治局面。谢安作为宰辅和实际上的最高军事统帅，他的政治才略和大政方针都取得了成功。

谢安在淝水之战前采取了正确的防御战略。前秦政权早有吞并东晋的野心，只是因为时机尚不成熟，才未敢轻举妄动。谢安初为宰相时，根据局势的变化，及时地部署了对前秦的战略防务，先后任命桓冲坐镇荆州，都督西面的防务；任命桓冲的儿子桓嗣为江州刺史，主要负责建康以西长江南北的防务；任命朱序为梁州刺史，统率沔（汉水以北）诸军，负责西北方面的防务；任命五兵尚书王蕴都督江南诸军事，负责建康以东江南的防务；任命谢玄为征西司马领南郡相，监江北诸军事，率领北府精兵负责主要战略方向上的重点防务；谢安自己都督扬、豫、徐、兖、青 5 州军事，总揽全局。这一部署加强了对东晋方面的防务和指挥系统，做好了反侵略战争的充分准备。从这些军事部署中，可以看出谢安的深谋远虑和卓越的战略胆识。他以襄阳、彭城、淮阴为战略一线，命朱序和谢玄防守，东西两点遥相呼应，既有防御的重点又能牵制敌人，以达到相互策应的目的；以荆州、九江、寿阳、京口为战略二线，形成了广阔的战略纵深，建立了重要的缓冲地带。二线的东西两端，既能策应和支援一线东西两个重点方向上的防御作战，同时还有力地巩固了后方。在缓冲地带，东晋方面可以有效地组织和部署部队反击敌人的大举进攻。

谢安的部署得当，有效地遏制了前秦的南下。在两条防御战线上，大量地消耗了敌人的有生力量。在淝水之战前，前秦军队的锐气受到严重挫伤。尽管前秦军队数量 10 倍于东晋，仍在战争中处于被动地位。谢安在战术上采取了正奇相辅，下放指挥权的方针，以北府兵为主力军，以桓冲所部为左翼，相辅相成，使谢玄等将领在指挥作战中变化战术等方面有很大的灵活性和主动权。而谢安本人则坐镇京师，在宏观上把握战局，并以镇静自若坚决抗敌的态度安定朝中大臣。淝水之战以东晋的胜利、前秦的溃败而告终，应该说在情理之中。

当前线的捷报传来时，谢安正与客人下棋，起初还装作若无其事，在送走客人后，他再也无法抑制内心的喜悦，以致失控得在过门槛时竟折断了木屐上的齿。谢安因功拜为太保。谢安进而打算统一南北，遂上疏请求亲自率军北伐。此后谢安被授权督管扬、江、荆等15州军事。这时，荆、江两州刺史桓冲已死，众人认为，以谢玄的功勋和名望，应该让他替代桓冲之任。谢安担心父子叔侄都以功勋著名，恐遭朝廷猜忌，同时又考虑到桓氏从此会失去世袭职位，而桓冲之子桓石虔又有克复沔阳的战功，就举荐桓氏三子弟分别担任官职，使他们彼此都无怨言。这充分体现了谢安在政治上的远见卓识和与世无争的处世态度。

会稽王司马道子专擅，其周围聚集奸佞之臣，他们交相作恶，排挤谢安。谢安为回避司马道子，出镇广陵的步丘，筑堡垒石建立新城。谢安归隐的志向始终没有改变，这与他崇尚老庄思想是分不开的。在这一点上，历代宰相都无人能与之相比。他能急流勇退，在老庄之学中汲取处世立身的思想，以温柔处世，以宽和待人，在东晋上层社会中间颇具影响力。

四　隋唐宋宰相制度及人物特色

　　隋文帝杨坚建立隋朝，结束了南北朝时期的分裂局面。隋朝仅存 37 年，在加强中央集权、巩固国家统一以及确立一整套职官制度方面，对隋唐以后各王朝都有深远的影响。隋文帝在建国之初，对官制进行了一些改革，更加突出皇权的主宰地位。辅佐皇帝处理全国军政机要的机构，主要是尚书省、内史省、门下省。三省长官都是宰相。尚书省的长官为尚书令，此职不轻易授人，只有权臣杨素因拥戴隋炀帝有功才升为尚书令。尚书省掌管全国政务，地位很高。门下省在隋初是谏议机关，掌管审查政令等事务，后因隋炀帝不喜欢纳谏，就将谏官全部罢废。内史省为中枢制令机关，负责起草皇帝诏令。隋文帝在宰相制度上确立了三省长官为相，改变了东汉以来宰相名号与宰相职官相分离的状况。

　　唐朝的宰相制度沿袭隋朝，但是后来有较大的变化。唐初，以中书省长官中书令、门下省长官门下侍中、尚书省长官尚书令共议朝政，均为宰相。李世民

70

即位前任尚书令，为避讳，就以仆射为尚书省长官。唐代皇帝认为宰相品位尊崇，不应轻易授人，常以他官居宰相职，并假借他官之称。例如唐太宗时杜淹以吏部尚书参议朝政，魏徵以秘书监参与朝政。其后，或称"参议得失"，或称"参知政事"，名称虽然不同，但都是宰相之职。唐太宗曾下优抚诏，特准李靖在家养病，只需两三日一至中书门下平章事。太宗还以李勣为太子詹事（东宫百官之长）特加"同中书门下三品"之衔，使其与侍中中书令共同参预宰相职事。从此就有了"平章事"与"同三品"的衔号。无论品位多高，不加此衔，就不能行使宰相职权，只有三公三师及中书令例外。以后，又以"同平章事"为宰相衔号。因仆射按例不加"同平章事"，故不能行使宰相的权力，被排挤出宰相之列。安史之乱后，宰相名号又发生了变化。因中书令和门下侍中升为正二品，所以就废除了"同中书门下三品"的宰相名衔。唐后期宰相的名号基本上就是"同平章事"。

唐代宰相一般由多人担任。其中有首席宰相，称为"执政事笔"。唐玄宗时，以李林甫、杨国忠为相，即为"执政事笔"，所以他们能专权用事。安史之乱后，唐肃宗鉴于相权集中而造成个人专断的弊端，就确定宰相十日一秉笔的制度，后改成每日一人轮流秉笔，其用意就是防止宰相专权。

唐亡后，中原地区先后建立过 5 个封建政权，南方先后建立起 10 个割据政权，即史称"五代十国"时期。五代十国的官制基本上沿袭唐制，但有的政权在同平章事之外还设丞相等官职。

宋代以"宰执"作为最高行政长官。"宰执"是宰相与执政的统称。宋代的宰相称"中书门下平章事",副职称"参知政事"。"参知政事"也称为"执政",是赵匡胤为牵制宰相而设置的。宋代宰相制度前后经历了5次变动。

第一次是宋初至宋神宗元丰以前,与唐代所不同的是宰相主要设中书枢密三司分掌政、军、财三大事务,宰相的职权被枢密使三司使所分取。三者的职权不相上下,加上参知政事对宰相的牵制,相权愈加削弱。

第二次是宋神宗的"元丰改制",恢复了唐初三省制,三省长官却是虚设,从不授人。以尚书左右仆射代行尚书省的职权,为正宰相。取消参知政事名称,增设了4名副宰相,即门下侍郎、中书侍郎、尚书左丞和尚书右丞。

第三次是宋徽宗时,蔡京任宰相,自称太师,总领门下、中书、尚书三省之事,改尚书左仆射、右仆射为"太宰"、"少宰",由太宰兼门下侍郎,少宰兼中书侍郎。钦宗时,又废除太宰和少宰,改为尚书左仆射和右仆射。

第四次是南宋高宗时,正式以左仆射和右仆射兼同中书门下平章事,为正宰相。又将门下侍郎和中书侍郎改为参知政事,为副宰相。

第五次是孝宗时,又改左仆射、右仆射兼同中书门下平章事,为左丞相右丞相,参知政事继续沿用,除去中书令、侍中、尚书令的虚称。

　　与秦汉的宰相制相比，隋、唐、宋时期的宰相制度在"佐天子，总百官，治万事"这一根本职责上没有变化，在许多具体制度上都具特色。秦及西汉初期的宰相一般只有丞相一人，而隋、唐、宋时的宰相却是一个集体，名称也变化不定，或以三省长官为相，或以他官为相。秦汉的丞相职权范围较大，而隋、唐、宋的宰相职权就小得多了。这一特点，使这一时期的宰相很难发挥个人才能。这一特点也表明专制主义中央集权达到了前所未有的程度，基本上消除了封建割据和威胁皇权的种种因素。特别是宋代，皇帝为防范文臣、武将、外戚及内廷官员的专权独裁，制定了一整套集中政权、军权、财权、司法权等各种制度，皇帝把持了一切大权。在这种情况下，宰相只能墨守成规，在治国方面很少有所建树，其任何改革建议，都会以"先朝旧规，不可轻议改革"为由，被打入"冷宫"。例如宋神宗时，任用王安石为相，实行变法，但变法措施，却遭到以司马光为代表的保守势力的强烈反对，因此不得不削去王安石相权。

　　隋、唐、宋时期"君权重，相权轻"的政治局面所造成的弊病十分明显。皇帝为了削弱相权，既采取多人为相，以分相权之术，又以设副宰相制约相权，使宰相个人很难发挥作用。如果皇帝圣明，那么王朝的政治可以保持稳定；如果皇帝昏庸，那么奸臣就会迎合皇帝的兴趣，扰乱朝纲。这一时期的奸臣很多，如隋朝的杨素、宇文化及，唐朝的李义府、李林甫、杨国忠，宋朝的蔡京、秦桧等，他们正是利用皇帝的昏庸和贪图声色犬马的弱点，投其所好，以博得皇帝的恩宠，擅权乱政，残害忠良，以致国家日渐衰落。这一恶果是与相权的分散难以制约皇权的机制分不开的。

 ## 集人杰、奸雄于一身的隋相杨素

贵胄世家，少年大志，戎马半生，战功显赫；善用权谋，以媚取上，权倾朝野，助纣为虐。

杨素（？～606年），弘农华阴（今陕西华阴县）人，出身于魏晋南北朝时期的著名士族家庭，其祖、父都是朝廷重臣。杨素历经魏、周、隋三朝，处于南北分裂、大动荡到大统一的年代。他的政治生涯可分为前后两个阶段。他在前半生曾帮助周武帝伐齐统一北方，入隋后协助杨坚平定陈，而后又多次击败入侵的突厥，捍卫了隋朝的北部边疆。在消除南北分裂、统一中国的战争中，他充分发挥了军事才能，建立了不朽的丰功伟业。他的后半生，也就是从52岁起登上相位，特别是高颎被罢相，由他一人独揽相权的最后8年里，他嗜杀成性，嫉贤妒能，尤其是后来，他擅权误国，废太子杨勇而立杨广，并帮助杨广篡夺帝位，使自己堕落成奸雄。

杨素颇具军事才能。作为名将，他善于用兵，以严刑酷法治军而著名。每次作战，他必令一二百人冲锋，取胜则封赏士卒，失败则一律处死。因此，将士在战场上都能以死相拼，令敌方胆战心寒。加之赏罚分明，士卒都愿意为他用命。周武帝亲征北齐，杨素为先锋。杨素不负众望，一路过关斩将，攻克河阴、晋州，并协同周军其他各部攻占了齐都邺，消灭了北齐政权，由此深得皇帝的赏识。后周右大丞相杨坚与杨素同族，为拉拢杨素，拜杨素为大将军，将他倚为亲信。以后，尉迟迥曾起兵反对杨坚，杨素率军打败了尉迟迥的部队，为杨坚称帝扫除了障碍。建立隋朝后，杨坚为统一中国，派杨素、韩擒虎、贺若弼三位名将统帅主力军直指南方陈朝的都城建康。杨素率水军所向披靡，历经40余战，一举亡陈。隋文帝杨坚为表彰杨素的功绩，任命他为尚书右仆射，与尚书左仆射高颍共掌朝政，时年52。

　　杨素虽以军功而官至宰相，但政治才能上却远不及高颍。为维护自身利益，杨素施展权术，屡屡讨好隋文帝，甚至受命为隋文帝监造仁寿宫，从而获得了"忠孝"的美誉，使隋文帝对他深信不疑。

　　隋文帝晚年时，发生了争夺太子之位的事件。太子杨勇有治国之才，但喜好声色犬马，且不善掩饰，多次受到文帝的批评。文帝次子杨广，觊觎太子之位已久，为取得文帝的信任，就刻意矫饰自己的行为，还贿赂宫中宦吏，上下皆称杨广"仁孝"。于是文帝欲废太子杨勇而立杨广为太子。此事遭到宰相高颍的反对。高颍因此而被罢官。杨素被废太子之事沉默不语，欲坐收渔翁之利。及至独掌相权，便成为废立太子的关键人物。他与杨广的生母独孤皇后勾结，罗织杨勇的罪名，使文帝偏听偏信，将太子杨勇废为庶人。文帝废勇立广，最终导致隋朝在他死后不久便分崩离析。而这个恶果与杨素的助纣为虐具有直接关系。

杨素在独掌相权的 8 年里，权势膨胀，其族人虽无军功政绩，却官至柱国、刺史。他利用废立太子问题，大肆排斥政治异己。朝野上下阿谀奉承之徒得到重用；仗义执言或有违杨素之意者，却遭诛杀、流放。隋文帝的第四子蜀王杨秀对废太子之事不满，杨素便在文帝面前诋毁杨秀，杨广也乘机与杨素合谋，作伪证陷害杨秀企图谋反，文帝遂将杨秀废为庶人，囚禁在内侍省。名将史万岁、贺若弼、韩擒虎无论在才能上还是在军功上都强于杨素，杨素害怕他们威胁自己的地位，视他们为眼中钉，多次在文帝面前进行离间活动，诬他们为"秀党"，以致史万岁被杀，贺若弼被囚。杨广执政后，将贺若弼与高颎一同杀害。尚书右丞李纲刚直不阿，不愿与杨素同流合污，杨素对他怀恨在心。当交州（今广西及越南境内）俚帅李佛子叛乱时，杨素就推荐瓜州（今甘肃安西县）刺史刘方为交州道行军总管，又向文帝建议，让李纲为行军司马。接着，杨素又授意刘方任意凌辱李纲，几乎置李纲于死地。杨素以莫须有的罪名残酷迫害那些威胁自己相位的大臣，其阴险残忍令人发指。

杨素还利用自己的权势，肆无忌惮地兼并土地，霸占了无数田产、房屋。此外，他还巧立各种名目，横征暴敛，积聚钱财，使他成为隋朝最大的官僚地主。杨素的家中，有数千家童供其役使，家藏娇妻、美妾、侍婢、艺妓数以千计。他的宅第，足可与皇宫媲美。

杨素帮助杨广篡夺帝位后，杨广为报答他，任他为尚书令、太子太师，次年又进位司徒，成为隋朝独一无二的宰相。但隋炀帝杨广在自己地位稳固后，也开始对杨素日益膨胀的权势感到恐惧。隋炀帝的疑虑溢于言表，使精于权谋的杨素预感到灭顶之灾即将来临，因此忧郁成疾，不久，抑郁而终。

唐朝宰相魏徵曾评价杨素前期"足为一时之杰"，后期"以阴谋智诈自立"。特别是在他登上相位后，不行仁义，做尽坏事，以招致万人唾骂。杨素集人杰、奸雄于一身，从功臣宿将走向乱国的奸臣，充分表现出这一历史人物的特殊性。

 犯颜直谏的宰相魏徵

涉猎群书，胸怀大志；先投瓦岗，后辅李唐；犯言直谏，匡正朝纲。

魏徵（580～643年），馆陶（今属河北）人。其父曾为隋朝官员，英年早逝。魏徵少时，家境贫寒，勤奋好学。隋末，统治阶级的残酷压迫激起了人民的反抗。魏徵投笔从戎，参加瓦岗起义军，主管文书。瓦岗军失败后，魏徵随其首领李密投降了唐朝李渊。后李密反叛，被唐军镇压，魏徵因是李密部下而遭冷落。为取得李渊的信任，魏徵毛遂自荐，愿去说服李密的旧部归降唐朝。李渊听后很高兴，命其以秘书丞之职劝降。魏徵不辱使命，使原瓦岗军的20万人马归唐。

唐统一全国后，统治集团内部的矛盾也随之尖锐，秦王李世民与太子李建成不断发生冲突。身为太子洗马（太子东宫属官，主管经籍图书）的魏徵，建议李建成除掉李世民。不料，李世民率先发动了玄武门宫廷政变，杀死李建成，逼高祖李渊立自己为太子。他令人抓来魏徵，质问为何离间他们兄弟。魏徵神态自若地回答，先太子若听我的建议，就不会落到今天的地步了。李世民素闻魏徵有才干，且喜欢他的爽快、正直，未加罪于魏徵，后来还命他为谏议大夫、秘书监、侍中。

唐太宗曾经问魏徵，君主怎样才能"明"，怎样才是"暗"？魏徵回答，兼听则明，偏信则暗。唐太宗非常赞成这个见解。于是，他鼓励大臣们进谏。在唐太宗的倡导下，朝廷上下形成了良好的进谏风气。有一次，濮州刺史庞相寿因贪污受贿而被罢官。唐太宗因他跟随自己多年，很同情他，打算恢复他的官职。魏徵得知后，坚决反对，对唐太宗说："过去秦王府的人，现在很多人身居要职，如果每个人都凭借旧关系为非作歹，那谁还肯做好事呢？"唐太宗认为魏徵说得很有道理，就送些绸缎给庞相寿，打发他回乡了。

又有一年，唐太宗下令征兵。有人提议将不满18岁的强壮男子列入征兵范围，唐太宗应允。魏徵向唐太宗提出相反的意见，他认为竭泽而渔，明年就无鱼可捞了。如果把不足18岁的强壮男子列入征兵范围，以后还从哪里征兵呢？国家的赋税杂役，该由谁负担呢？况且人们会问，以前下达的法令，还管用不管用呢？唐太宗无言以对，不得不重新下诏，免征不满 18 岁的男子。

魏徵一贯认为帝王追求享受是政治腐败的开始。为能使唐太宗引以为戒，魏徵经常提醒唐太宗要居安思危，戒奢以俭。贞观十一年（637 年），唐太宗在洛阳建造飞山宫，魏徵及时上奏说，隋炀帝倚仗富有，不虑后患，穷奢极欲，使百姓穷困，以至他本人被杀，国家覆灭。魏徵以这一历史教训，劝告唐太宗勿蹈覆辙。

唐太宗去洛阳，路上住在显仁宫（今河南宜阳县）时，常常因供应不好而责罚属下。魏徵认为此风不可长，指出这会使朝廷上下仿效，造成民不聊生。唐太宗闻听很受震动，感叹地说：如果不是有你，我将听不到这些意见。当时，适逢河南水灾，被淹百姓 500 多户。魏徵上书，帮助唐太宗分析形势，总结政治得失，劝他以仁德善待百姓。唐太宗读后，嘉奖魏徵，下诏拆毁明德宫和飞山宫的玄圃院，把建筑材料赐给受灾百姓。

魏徵在朝中不断监察得失，一系列治国方针得以贯彻，社会生产逐步得到恢复和发展。到贞观中后期，国家形势越来越好，唐太宗对开创时期的艰难逐渐淡忘，励精图治的锐气渐渐丧失，奢侈之心有所滋长，而魏徵始终保持清醒的头脑，进谏如流。鉴于贞观后期唐太宗自我约束日渐松懈，魏徵及时上奏，指出他在 10 个方面的缺点，其中包括奢侈纵欲、乱征劳役、以己之好恶用人、喜欢游乐、怠于治国等。劝谏他保持过去节俭、淳朴、谨慎的作风。这一奏章深深打动了唐太宗。唐太宗把这个奏章书写在屏风上，以警示反省自己。

在唐太宗面前魏徵敢于犯言谏诤，唐太宗对他既尊敬又畏惧。一次，唐太宗逗弄一只小鹞时，闻魏徵觐见，怕受责怪，就将小鹞藏在怀里。魏徵佯装不知，向唐太宗奏事时故意拖延时间直至小鹞死去。

唐太宗为了维护自己的尊严，对魏徵的犯言切谏，有时也大发雷霆。一次，唐太宗退朝后怒气冲冲地回宫，在长孙皇后面前，扬言非杀死那个乡巴佬。长孙皇后询问杀谁？唐太宗愤愤地说："魏徵常在众人面前顶撞我，不给我留面子，实在可恶！"长孙皇后听后，转身回内室换上礼服，出来向唐太宗道贺。唐太宗惊问何故，长孙皇后说："君主圣明，大臣才会直言进谏，现在魏徵敢于直言，正说明陛下圣明，故出来道贺。"听了皇后委婉的批评，唐太宗顿时怒气全消。从这件事中反映出贞观年间进谏和纳谏确已蔚然成风。

魏徵在生活上约束自己甚严，他生活朴素，住房简陋，唐太宗几次要为他营造新宅，都被他拒绝。

魏徵忠于职守，操劳国事，最终积劳成疾，一病不起。在弥留之际，唐太宗亲自探望魏徵，询问魏徵还有什么要求，魏徵只说了一句话："嫠不恤纬，而忧宗周之亡！"意思是说寡妇不愁织布的纬线少，只担心国家的兴亡。唐太宗感动得直流泪。贞观十七年（643年），魏徵与世长辞，唐太宗十分悲痛，称自己失去了一面镜子。

　　唐太宗曾对群臣说："贞观以前，帮助我打天下，历经艰难，草创事业的是房玄龄。贞观以后，向我提意见，纠正我的过失，为国家长谋远虑的只有魏徵。"的确，魏徵辅佐唐太宗安邦治国 17 年，拾遗补缺，向唐太宗提出许多有益的意见和建议，促使许多治国良策得以实施，从而取得了"贞观之治"的太平盛世。

 3　断案公正、为民请命的狄仁杰

　　初为判官，不畏权贵，恢复太子，匡扶唐室。

　　狄仁杰（607～700 年），并州太原（今太原）人。少年时，家中仆人被害，县吏前来查办，众人争相辩白，唯独狄仁杰专心读书。官吏问他为何无动于衷。狄仁杰回答说，我正在与书中的圣贤交流，哪有时间与你们说话啊！狄仁杰苦学成才。入仕后，曾任汴州判佐、并州都督府法曹，转大理丞（审判官）。在大理丞任，需要处理的各类积压案件很多，时人称赞他断案公正宽大。有一次，左威卫大将军权善才、右监门中郎将范怀义违法砍伐昭陵柏树，论罪应当免官，高宗却下诏将他们处死。狄仁杰上奏称他们不够死罪。高宗发怒说，他们这样做会使我成为不孝之子，必须杀了他们才能告慰先祖。狄仁杰反驳说：汉朝曾有人偷了高祖庙的玉环，汉文帝要诛杀其全族人，张释之谏诤，说明如有人取长陵一抔土，又该如何治罪，后来文帝只处死了盗贼。今天陛下发布的法令张挂在宫门两侧，清楚地写着犯罪处罚有等别，如果以误砍一棵柏树，就诛杀两名将领，后世之人将会如何议论陛下呢？高宗平息了怒气，免了他们的死罪。几天后拜狄仁杰为侍御史，负责监察、弹劾中央各部司官员的过失。狄仁杰曾以司农卿韦宏机为皇帝修建豪华宫殿，引诱皇帝追求奢侈生活而弹劾之；又弹劾左司郎中王本立滥用权力，请求皇帝治其罪。高宗下诏赦免他们，而狄仁杰说：如果赦免他们，宽恕有罪之人，就违背了祖宗制定的法律，我愿以被流放的惩罚，作为对群臣的警戒。高宗不得不治了他们的罪，朝廷上下肃然。

唐高宗去世后，武则天把她的儿子李显赶下帝位，将他安置在房州，另一个儿子李旦虽然做了皇帝，却徒有虚名。武则天以太后身份独揽大权，任命狄仁杰为宁州刺史。他因治理有功，回朝任冬官侍郎，后奉旨出巡江南各地。当时江南的吴、楚一带盛行祭祀之风，狄仁杰下令禁止，总共拆毁祠堂庙宇1700处，只保留了夏禹、吴太伯、季札、伍员四祠。而后，狄仁杰又出任豫州刺史。原豫州刺史李贞为唐太宗之子，被封越王，因反对武则天临朝称制而起兵。武则天派宰相张光辅领兵30万镇压，平定了叛乱。狄仁杰与张光辅同时进入豫州。张光辅要将被迫参与叛乱的六七百人处死，还要治他们家属的罪。此事遭到狄仁杰的反对，他上奏劝说武则天施仁政。武则天遂将拟处死之人流放丰州（今内蒙古河套西北部）。

宰相张光辅及其手下将士以讨平越王之功，敲诈勒索地方，狄仁杰拒绝供给。张光辅发怒说：刺史难

道轻视本帅？狄仁杰针锋相对地回答：作乱河南的只
有一个越王，你率领 30 万大军平叛，听任将士横行不
法，无辜百姓遭此涂炭，这无疑等于消火了一个越王，
又涌现出 100 个越王。您为何放纵部下以杀戮降者邀
功，使冤声惊天动地？如果我能得到上方宝剑，杀了
你，我虽死而无憾！张光辅奏狄仁杰对宰相无礼。但
武则天对狄仁杰颇有好感，贬其为复州刺史，意在敷
衍张光辅而已。武则天即位两年，命狄仁杰为地官侍
郎同凤阁鸾台平章事（即宰相），后为来俊臣陷害下
狱，继而又被贬为彭泽县令。北方契丹族寇边，狄仁
杰为魏州刺史，转任幽州都督。武则天曾赐他紫袍，
亲自绣上 12 个金字，表彰其忠心。神功元年（697
年）恢复相职。

狄仁杰一生中最重要的活动是恢复唐皇室，复立
李姓皇帝。武则天的两个儿子李显和李旦被囚禁。为
将李显推上皇位，狄仁杰利用了武则天宠养的两个男
色张易之与张昌宗兄弟。张氏兄弟备受武则天宠爱，
富贵无比，又担心将来会有灾难，遂向狄仁杰请教安
身之策。狄仁杰说，只有劝说武则天将李显迎回洛阳，
立为太子。一旦武则天去世，李显即位，二张便是有
功之臣，自会消灾。二张从之。狄仁杰也利用与武则
天接触的机会，劝说武则天。一次，武则天说她梦见
一只美丽的大鹦鹉折断了两个翅膀。她要近臣们释梦。
狄仁杰说：我以为梦中的鹦鹉就是陛下，因为陛下姓
武；两翅就是陛下的两个儿子，翅膀折断，是指他们
被囚禁。没有翅膀的鹦鹉不能飞翔，陛下起用二子，

鹦鹉就能飞了。

经过不断的努力，武则天终于同意迎回太子李显。为了巩固李显的地位，狄仁杰把张柬之、桓彦范、敬晖、姚远之等人推荐给武则天，让他们能够掌握实权。张柬之初为洛阳司马，后调升为秋官侍郎，狄仁杰去世4年后被拜为宰相，后来发动政变，将李显推上皇位。

狄仁杰与武则天关系甚密。年长的武则天称狄仁杰为"同老"，而不直呼其名。每次朝见，武则天叫他不必下拜，还说看见你下拜，连我的腰也感到疼痛。一次，狄仁杰陪武则天游玩，狄仁杰的马受惊狂奔，武则天急命太子前去解救，直至狄仁杰安全下马。狄仁杰所受到的武则天的尊重和礼遇，无人可以相比。700年，狄仁杰去世后，武则天流着泪说：朝堂空矣！随后追赠狄仁杰文菖右相。

4　唐代"救时宰相"姚崇

三朝为相，几经波折；革除弊政，廉慎为师；崇廉勤之节，塞贪党之门；为政求实，为人"权谲"。

姚崇（650～721年），陕州硖石（今河南省三门峡市南）人，少年时不拘小节，讲求气节。及长，勤奋好学，被举荐为地方文书长官，曾多次调动，后为夏宫郎中。契丹族入侵北部边境，朝臣恐慌，独姚崇决断如流，受武则天赏识，拜为兵部侍郎。武则天曾语于群臣：前周兴、来俊臣审理案件，朝臣多受牵连，定以反叛之罪。我疑中有冤枉者多，乃滥用刑罚所致。我近日调查，那些人都承认有罪，我才释疑。周兴、来俊臣死后，我未闻有人谋反，以前被杀的人有没有被冤枉的呢？姚崇坦白直率地回答：以前被告反叛之人，多有冤情，被刑罚所逼自诬。告密者反立功受赏，致众人都网罗他人的罪状，此甚于汉朝党锢之祸。上天保佑，陛下醒悟，诛杀恶人，朝廷安定。我以全家百口性命担保，现在上下再无谋反之人。恳请陛下，如有状告，不要草率处理，日后如有反叛之事，就治我知而不告之罪。武则天接受了姚崇的建议，高兴地说：前任宰相事事顺从，使朕陷于滥施刑罚的境地，你的话很合朕意。于是赏赐姚崇银千两。

过了一年，姚崇晋升为凤阁台平章事（宰相），后又调任凤阁侍郎兼相王府长史。武则天宠臣张易之有私事托付姚崇，被姚崇所拒，张易之就向武则天进谗言，姚崇为此出为司仆卿、挂相职出任灵武道大总管。临行前，武则天请姚崇推荐一位宰相，姚崇就举荐张柬之为相。不久，张柬之、桓彦范等人联合，除掉张易之、张宗昌兄弟，逼武则天退位，传位中宗。时姚崇回洛阳，参与其事，并起了重要作用，因而被封为梁县侯。武则天迁居上阳宫，中宗率文武百官请安。张柬之等人见姚崇独自哭泣，遂问缘由。姚崇回答，侍奉则天皇已久，突然离开她，无法控制感情。昨天参与你们诛杀凶逆，是尽臣子职责，不敢说有什么功劳；今天为辞旧主而哭泣，是臣子应有的节操，即使因此而招祸也心甘情愿。当日，姚崇被调离朝廷，为亳州（今安徽亳县）刺史。史家认为，这是姚崇的聪明之举，没有陷入这场斗争的漩涡，后来五王被害，姚崇却得以免死，足见其有政治远见。

李旦即位，是为睿宗，拜姚崇为兵部尚书，同中书门下三品，晋升为中书令。这时，李隆基为东宫太子，太平公主干预朝政，宋王李成器等人分掌马厩和禁军。姚崇等建议太平公主迁居洛阳，诸王出任地方刺史，以安定人心。睿宗将这个建议告诉了太平公主，太平公主大怒。李隆基十分害怕，上奏说姚崇等离间王室，请予治罪。于是姚崇被贬为申州刺史。

太平公主势力日涨，且肆无忌惮。李隆基忍无可忍，就背着睿宗，一举清除了太平公主及其党羽，即位为玄宗。玄宗到新丰（今陕西临潼东北）讲武，秘密召见姚崇，与其谈论国家大事，十分投机。玄宗提议让姚崇再做宰相，姚崇知道玄宗豁达大度，锐意求治，就有意考察玄宗治国意志是否坚定。姚崇称有 10 点建议供玄宗参考，如果玄宗做不到，他就不能担任此职。这 10 条建议是：一求皇上为政先求仁义；二求数十年内不求边功（边境战事）；三求守法应从皇上亲近之人做起；四求租赋以外的杂税一概禁止；五求圣上明令宦官不许干预朝政；六求皇亲国戚不担任台省职务；七求陛下能够礼贤下士；八求群臣都能犯颜直谏而不被治罪；九求以西汉、东汉外戚乱政祸害国家为鉴，警示后世之人；十求禁止营造佛寺道观。玄宗接纳了姚崇的建议，于是姚崇叩头拜谢。第二天玄宗拜姚崇为兵部尚书，同中书门下三品，封梁国公，迁紫微令。

　　姚崇讲究务实，反对空谈。皇亲、达官贵人、豪绅富户都利用宗教捞取好处。中宗时，公主、外戚得到应允，可以废民为僧尼。于是，一些富户强丁为除赋税徭役，纷纷出家为僧为尼。宰相姚崇向玄宗建议改变这种状况，指出信仰佛教重在内心虔诚，而不在于外表。玄宗接受了他的意见，下令有关部门暗中调查，将 1200 名僧尼还俗为农，保障了农业生产和税收。

　　山东（指华山以东的黄河流域）蝗害成灾，百姓在田边设祭、焚香、求神，坐视蝗虫吞食庄稼。姚崇上奏，引述历代帝王诏书，证明可以捕杀蝗虫。又献除蝗之法，夜设火于田，火边挖坑，边焚边埋。姚崇说服玄宗派遣御史分道督促，指挥百姓焚埋蝗虫，取得了良好的成效，当年农业获得了好收成。

　　玄宗召见宰相询问国事，宰相惧玄宗威严，大多缄默退缩，只有姚崇协助决断，因而独得玄宗信任。姚崇的好友紫微史赵海接受夷人贿赂，论罪当斩，时京师大赦，姚崇上表请求减免他的死罪，玄宗不悦，赵海未被恕免。这使姚崇深感不安，于是请求辞去宰相职务，举荐宋璟代之。

　　姚崇一生以清除积弊为己任，被时人誉为"救时宰相"。但姚崇也善用权术。宰相张说对姚崇不满，趁姚崇被贬为同州刺史之机，指使别人弹劾姚崇。后来姚崇当了宰相，张说害怕姚崇报复，暗中拉拢玄宗的弟弟岐王。有一次姚崇入朝，罢朝后众官员离开，姚崇拖拉着脚跟，佯装病态，玄宗召问姚崇，姚崇称伤了脚。玄宗问是否疼痛，姚崇说臣心里忧虑，痛不在脚上。玄宗问其原因，姚崇回答岐王是陛下的爱弟，张说是辅佐之臣，而暗中乘车出入王府，恐会生事。于是玄宗将张说调任相州刺史。姚崇临死前，还谆谆告诫其子说，张说与我嫌隙很深，我死之后，他肯定出于礼仪吊丧，你们可陈列我平生所用器皿，他最喜欢这类东西，如他看也不看，将有灭族之灾；如他看了就平安无事，你们可将这些东西送给他，请他为我撰写碑文，并报皇帝，最好准备好石头，立即刊刻。他比我要迟钝，数日后肯定反悔，派人来索要碑文，你们就说已呈报皇上批准，并拿刻好的碑给他看。姚崇死后，一切正如他所料，张说气愤已极，骂道：死姚崇竟能算计活张说。

 ## 口蜜腹剑的奸相李林甫

口蜜腹剑，迎合上意，以固其宠；杜绝言路，掩蔽聪明，以成其奸；嫉贤妒能，排斥异己，以保其位；屡兴冤狱，诛逐贵臣，以张其势。

李林甫（？ ~752 年），唐朝皇族的后裔。他初为下层的禁卫军官"千牛直长"，后身居相位 19 年之久。他官运亨通，久居要职，与他善于玩弄政治权术和阴谋诡计是分不开的。李林甫为人阴险、狡猾、毒辣，却装得厚道、和善，口上甜言蜜语，暗中陷害异己。因此，时人说他"口有蜜，腹有剑"。

李林甫通过结交朋党，很快进入尚书省，历任刑部、吏部侍郎。他还善于巴结权贵的夫人，如暗中取悦于侍中裴光庭的夫人，通过裴妻疏通宦官高力士谋取相位。他还不惜重金贿赂皇帝的后宫。当时武惠妃受宠，她的两个儿子为皇帝所喜爱，皇太子却被疏远。李林甫通过宦官向武惠妃表露，愿扶其子为皇帝。武惠妃很感激，就在皇帝面前为李林甫说情，最后李林甫被拜为黄门侍郎、礼部尚书、同中书门下三品，位列朝中三宰相之一。

当初中书令（系宰相）张九龄曾谏阻玄宗以李林甫为相。李林甫为相后，视张九龄为眼中钉。这时的玄宗追求豪奢享受，懒于政事。侍中裴耀卿、张九龄同玄宗的矛盾日渐暴露，李林甫一面讨玄宗的欢心，一面寻觅事端，排挤张、裴二相。这时，武惠妃为使其子能登太子位，开始谋害太子，上奏诬告太子谋害其母子，对圣上不尊。玄宗愤怒，欲废太子，张九龄却坚决反对。李林甫散布说，皇帝家事，何必与外人商量！表示赞同废黜太子，并影射攻击张九龄，以致玄宗对张九龄更加不满。

李林甫为扩大自己的势力，极力拉拢一批一心投靠他的小人，想提拔一个名叫萧炅的人为户部侍郎。一次，大臣严挺之让萧读文书，他把"伏腊"读成了"伏猎"。严挺之对张九龄说：朝廷怎能任用"伏猎"侍郎呢？让他当个地方官算了。由此李林甫与严挺之结下仇怨。后来有位地方官犯错，要被押解到京城审判，严挺之设法营救。李林甫借机向玄宗奏称，严挺之与张九龄包庇罪臣。玄宗一气之下，罢了严挺之的官，革了张九龄的职，让李林甫顶替张九龄的职位。为阻塞大臣言路，李林甫还把那些谏官召集在一起，威胁他们说：圣上英明，做臣子的顺从他都来不及，还用得着你们说东道西吗？你们没看见皇宫仪仗队用的马吗？它们吃的是三品草料，待遇很高，可一旦发现有哪匹马嘶叫一声，就立刻被淘汰，那时候，后悔也来不及啦！谏官们自然明白了此话的寓意，从此不敢进谏，李林甫更加肆无忌惮。

李林甫在生活方面极力迎合玄宗的胃口。武惠妃死后，玄宗霸占了儿媳杨氏。身为宰相的李林甫对此事无动于衷。为了保证皇帝的消费，他不断地增加赋税。玄宗对他恩宠有加，常把贡物转赐给他，使李林甫家藏巨财，富贵已极。

李林甫想方设法阻塞贤才的晋升道路。他收买皇帝的近侍，以他们为耳目，了解玄宗的动静。有一次，玄宗在勤政楼观赏歌舞，发现兵部侍郎卢绚一表人才、风度文雅，就夸奖了几句。有人马上将此事告诉李林甫。李林甫怕玄宗重用卢绚，就对卢绚的儿子说：听说皇上要让你父亲到广州、交州一带去做地方官，那里可是荒芜沼泽之地，怎能承受那份苦呢？若抗旨不遵，就会降职，还不如到洛阳做个闲官罢了。卢绚闻后信以为真，就奏请皇帝留他在洛阳。李林甫让卢绚任华州刺史；不久，李林甫又谎称卢绚有病，不理政事，削了他的官职。与李林甫同为宰相的李适之，很有才干，又是唐太宗的曾孙，李林甫担心他会与自己争权，就阴谋陷害他。一天，他对李适之说：听说华山有金矿，若能开采出来，朝廷就能富庶起来，可惜皇上并不知道此事。过了几日，李适之向玄宗奏明此事。后来玄宗又向李林甫问及此事。李林甫却说，臣早已知道，但考虑到华山乃皇家根本之地，在那里开采金矿恐怕伤了王气，动摇了根基，金子再多，也不能开采。玄宗听后认为李适之对自己不忠，因而疏远了他。李适之害怕遭到李林甫的迫害，就主动提出辞去官职，于是，他被贬到偏远地区。李林甫并不罢休，企图追杀他，李适之因惧怕而服毒自杀。为斩草除根，李林甫将李适之的儿子活活打死。李林甫还一手制造了"杨慎矜案"。杨慎矜本是隋炀帝的玄孙。唐玄宗得知此人很有才干，就授予他御史中丞，杨慎矜因惧怕李林甫，不敢接受。数日之后，杨慎矜因屈服于李林甫的压力，才接受御史中丞兼充诸道铸钱使的职务，很快又升任户部侍郎。李林甫见杨慎矜渐得皇上恩宠，就诬告杨慎矜勾结凶人，图谋恢复隋朝祖业。为取罪证，又诬陷太府少卿张瑄经常与杨慎矜密谋复辟之事。李林甫令其亲信吉温对其严加拷问，用刑逼供，伪造证据，据以上奏。玄宗信以为真，赐杨慎矜自尽，诛灭其族，受牵连者数十人。李林甫为相期间，受其诬陷、迫害致死者不计其数。李林甫屡施淫威，自知仇人很多，害怕遭人暗算，他的住所壁垒森严，夜间要换几处地方睡觉。

　　李林甫作恶多端，一生以害人为务，却不曾想自己也为他人所陷害，最先向他发难的原是他的亲信吉温。吉温依附于李林甫时，始终不能高升，就投靠奸臣杨国忠，替杨出谋划策，以取代李林甫。吉温首先剪除李林甫的心腹党羽，接着又与安禄山约为兄弟，同安联手排挤李林甫。过了不久，杨国忠诬奏李林甫与藩将阿布思企图谋反。先前对李林甫唯命是从的另一位宰相陈希烈，此时也伙同他人作旁证。玄宗由此疏远李林甫。李林甫对此束手无策，在忧懑中结束了奸恶的一生。李林甫尚未下葬，杨国忠又诬奏李林甫结党谋反，并有安禄山作证。于是，玄宗削去李林甫的官爵，其子孙除官并流放到岭南和黔中。李林甫死后，玄宗终于认清了他的真实面目，但为时已晚。李林甫为相19年，导致政治日趋腐败，社会矛盾尖锐。唐玄宗晚年的昏庸和腐败是李林甫久居要职的重要原因之一。

擅权乱政的杨国忠

身为无赖，取悦杨氏；入朝拜官，小人得志；擅权乱政，勾结朋党；大兴冤狱，命丧马嵬驿。

杨国忠（？～756年），蒲州永乐（今山西永济）人，武则天幸臣张易之外甥。年轻时，赌博饮酒，劣迹昭彰，因不务正业而穷困潦倒。适逢杨国忠的远房亲戚杨玉环入为玄宗之子寿王李瑁妃。不久，玄宗所宠爱的武惠妃病故，杨玉环以其姿色为玄宗所倾倒，遂霸占为己有，始号太真。玄宗对她恩宠无比，待之如皇后。这时的唐玄宗已不问政事，整日寻欢作乐，沉湎于酒色。杨太真就向玄宗夸耀杨国忠擅长博戏，于是，杨国忠被任为金吾卫兵曹参军、闲厩判官。

杨太真被晋封为贵妃，她的三位姐姐都因有姿色，而为玄宗所喜爱，直呼她们为姨，任其自由出入宫廷。杨国忠利用杨氏这种特殊关系，体察玄宗的好恶，专事奉迎，博得玄宗的好感，很快迁至监察御史。这时，奸臣李林甫为宰相，杨国忠就与他勾结，大兴冤狱，还共同策划废太子的阴谋。他们先从太子妃韦氏之兄韦坚下手，伙同侍御史杨慎矜，诬奏韦坚与边将私通，并策划奉太子夺皇位。玄宗大怒，下令审问。杨国忠受李林甫指使审理此案，他欲急树其威权，就大打出手，不惜严刑逼供，以莫须有的罪名，加害与韦坚来往的大臣，甚至连参与办案的侍御史杨慎矜也不放过，将他们一同贬杀，受牵连而被诛杀者竟达数百家之多。李林甫虽然没有达到废太子的目的，杨国忠却因此大树淫威，更加得到玄宗的赏识，使他升为给事中兼御史中丞。此后，杨国忠为迎合玄宗，大肆搜刮民脂民膏，以充实天子库藏。玄宗视察库藏时，看见货币财物堆积如山，愈加宠幸杨国忠，赐他紫衣、金鱼，令他兼权太府卿事。

随着杨国忠官位的上升，他与李林甫原本相互利用的关系也出现了危机。野心和权欲膨胀的杨国忠开始觊觎李林甫的相权；李林甫也感到杨国忠已构成对自己的威胁。双方开始伺机铲除对方。杨国忠以远比李林甫凶狠毒辣的计谋和手段，将曾依附于李林甫的京兆府法曹吉温笼络到自己门下，为他剪除李林甫的党羽出谋划策，先后贬除京兆尹萧炅和御史大夫宋浑。李林甫却无力反击。杨国忠并不善罢甘休，审问了许多人，他们供出了李林甫的罪行和丑闻，杨国忠逐一上奏给玄宗，使玄宗开始厌恶李林甫。李林甫因此抑郁而病。李林甫死后，杨国忠代李林甫为右相，兼吏部尚书。杨国忠并不因李林甫已死而罢休，他蛊惑李林甫在任时受迫害的人们作证，指控李林甫企图谋反。于是，死后的李林甫被夺去官爵废为庶人，以致家破人亡。杨国忠终于掌握了朝政大权。

杨国忠为政期间，置朝廷用人制度于不顾，每次选用官吏，总是在私邸召集亲信暗定，官吏的任免权就完全操纵在他一人手中。他可以根据个人的好恶和贿赂的多少来选拔各级官吏，排斥有才能的人，选拔自己的亲信。例如，杨国忠的儿子本是无能之辈，未通过入仕考试，考官畏惧杨国忠的淫威，不得不以成绩"优异"录取，很快官至户部侍郎。

杨国忠除了把持官吏的任免权外，还欺上瞒下、粉饰太平，地方官害怕杨国忠，都不敢将实情上奏朝廷，以致灾害蔓延，百姓流离失所，社会经济受到严重破坏。杨国忠作为剑南节度使，为求边功，强征百姓充军，两次向南诏国用兵，损兵折将达20万，却隐瞒败绩，向玄宗邀功请赏。连年用兵大大削弱了唐朝的军事实力，以致"安史之乱"伊始，唐朝竟一时无力组织平叛的军队。

安禄山为范阳、河东节度使，善于阿谀奉承，曾拜年龄小于自己的杨贵妃为母，甚得玄宗喜爱。安禄山见玄宗年老，朝政腐败，就积极准备兵变，企图取代玄宗称帝。杨国忠见安禄山拥兵自重，且受宠于玄宗，就通过亲信了解到安禄山行动可疑，屡次上奏称安禄山要造反。这也是他一生中唯一可以称道的事情。

755年，安禄山在范阳聚集诸军，谎称奉玄宗密旨，起兵入朝讨伐杨国忠。他亲率15万人的部队，南下反唐。由于多年来朝廷政治腐败，军备废弛，叛军所向披靡。玄宗闻报后，惊慌失措。杨国忠却以自己之言得以证实而自鸣得意。他不仅以种种轻率的举动刺激安禄山提前发动兵变，还为讨玄宗欢心，极力掩饰事态的严重性，以至临时拼凑军队，使许多未经训练的兵士仓促迎战。安禄山很快就进逼长安天险——潼关。为了铲除异己，杨国忠逼迫驻守潼关的主帅哥舒翰率军出关，与叛军决一死战。哥舒翰带病出征，结果唐军大败，潼关失守，长安告急。杨国忠上奏玄宗迁往四川。玄宗在杨国忠、杨贵妃及其太子、亲王等亲属陪同下，仓皇逃出长安。

当玄宗一行行至马嵬驿（今陕西兴平县西）时，士兵因饥饿难忍停止不前，禁卫军将领陈玄礼惧怕发生兵变，就对将士们说：现在天下分崩离析，如果不是杨国忠作孽深重，扰乱朝纲，何至于到这般地步？如果不杀了他，以谢罪天下，怎么能够平息上下的恩怨！将士闻听，异口同声说：这件事我们已经盼望许久了，与之同死也值得。于是，呼喊杀贼，奔向杨国忠，箭射其马鞍，杨国忠落荒而逃，在马嵬驿西门，士兵追上他，肢解其体，用枪挑着他的头悬于驿门外示众。杨国忠为政期间，擅权乱政，滥施淫威，迫害异己，搜刮天下财富，给唐朝的政治和经济带来了灾难性的后果。安史之乱后，藩镇割据，唐朝从此一蹶不振。

 ## 7 清慎修身、为国为民的陆贽

以学取仕，清慎修身；指陈弊政，疾恶如仇；崇尚俭约，休养生息；重视人才，赏罚分明。

陆贽（754～805 年），苏州嘉兴（今属浙江）人。少年时家境贫寒。18 岁时，以天资聪慧、博学经史入仕官县尉。唐德宗即位后，派黜陟使巡视天下，考察官吏政绩。陆贽建议黜陟使以"五术"了解风俗，"八计"考察吏治，"三科"记录贤能之士，"四赋"核查财税，"六德"保全贫弱之人，"五要"省检官员办事程序。"五术"是：通过审察民谣了解百姓的哀乐；接纳商贾来观察他们的好恶；查询簿书来考查诉讼案件；观看车辆服饰来了解俭奢；检查作坊来查看从业趋势。"八计"是：视户口多少确定抚恤范围；视垦田多少确定农业生产的规模；视赋役轻重确定官吏是否廉洁；视案件档案的繁简确定办案效率；视有无作奸犯科确定社会治安的好坏；视选拔人才的多少确定风俗教化；视学校的兴废确定教育水平。"三科"是指茂异、贤良、孝义。"四赋"是指以察看庄稼好坏确定赋税，以衡量产业规模确定税收，以核计壮丁人数计算徭役，以估计商贾买卖平均利益。"六德"是指敬老、爱幼、救疾、恤孤、赈贫穷、济失业。"五要"是指裁减军队冗员、废除扰民法令、精简虚设官员、摒弃无用之物、罢去非要之事。陆贽所提意见受到黜陟使的称赞，认为切中时弊。不久，朝廷便将陆贽调任监察御史。

德宗即位后又任用陆贽为翰林学士，参与机谋。时逢泾原兵在京师哗变，河北、山东、淮西等地藩镇相继叛乱，陆贽跟随德宗避至奉天（今陕西乾县），辅助德宗处理政务，许多诏书由他起草。德宗所采用的谋略也大多出于陆贽，故时人都称其为"内相"。唐王朝自安史之乱后，国力日渐衰落，到德宗时，政治腐败、经济萧条、民生窘迫，国家面临着分裂的危险。陆贽深深地认识到："国无民不立，民无财不活。此所谓立国不先养人，国固不立。养人不先足食，人固不养。"在他以后的政治生涯中，始终把治国的着眼点放在稳定政局、与民休养生息方面。

陆贽认为，要使百姓得以休养生息，地方官吏必须体恤民情，为政清廉。贞元八年（792年）春，陆贽任中书侍郎、同平章事。为相以后，他鉴于以往以增加赋税多少作为考核地方官吏的标准，致使官吏横征暴敛，便整顿吏治，纠正弊端。他规定在官吏所辖区域内，在完成定额赋税后的超额部分按所辖户口多少均减，以减数多少作为考核官吏业绩的标准。

针对当时土地兼并严重、贫富悬殊的情况，他主张对豪强地主占田数量和租额加以限制。每遇灾情，他都力劝皇帝派遣官吏前去赈灾。陆贽的经济政策，对于减轻人民负担，促进社会经济的发展，起到了积

四　隋唐宋宰相制度及人物特色

97

极作用。

唐后期，索贿受贿之风盛行，上自皇帝，下至官吏，概不例外。陆贽却能清慎自守。他对贪财扰民、误国误民的贪官污吏深恶痛绝，常常严加斥责。陆贽认为，天子应四海为家，而聚敛私货，民心必失。因此，每次见到德宗聚敛钱财时，他都犯颜直谏，劝德宗与民同甘苦，做得道的明君。德宗在陆贽的劝诫下，虽有所收敛，但不久私欲复发，经常暗示各地贡献。各藩镇乘上贡之机搜刮勒索。虽然宰相李泌请停各地贡奉，主张每年从常赋中拨钱百万以供宫中费用，但德宗仍不断地额外索要钱财。李泌不敢再劝，唯独陆贽谏诤说：弃绝行贿受贿之人，首先从皇帝做起。现在皇帝索要贡奉甚频，地方不敢怠慢。所贡之物，既非地中所生，亦非天上所降，都是编户百姓的血汗骨髓。他恳劝德宗清除流弊，杜绝贿赂之风。

陆贽一生清慎修身。他路过寿州时，寿州刺史强镒仰慕陆贽的为人，赠钱百万，陆贽分文不取。陆贽母亲去世，朝野上下，无不送礼，陆贽一概拒收。他任相后，深虑社会的贿赂之风有亡国之害，又为自己不能杜绝这种风气感到惭愧。他的清廉受到不法之徒的攻击，也得不到皇帝的赞许。德宗曾下密旨，责备他"清慎太过"，不通下情。陆贽反驳说，如今上下受贿索贿，朝廷索取地方，地方榨取百姓，民不聊生。陆贽认为，人们行贿，并非情愿，只是因为怕招致麻烦。肃清贿赂，首先要从上面做起。于是陆贽再次大谏德宗贵德贱财，训人以尊让，示人以不贪。伤风害理，莫过于私；残害百姓，莫过于行贿之风。陆贽的言行，如同讨敌檄文，无情地鞭笞了行贿受贿的恶劣行为。

德宗常亲近奸佞之臣，尤以与卢杞、窦参、裴延龄最密。卢杞奸而人不识其奸，他任相期间，对不依附于自己的大臣，必定要置之于死地。许多贤臣如张镒、颜真卿、杨炎、杜佑等都为其所害。他任用赃官，以各种名目搜刮民财，草菅人命。陆贽嫉之如仇，常严厉抨击卢杞的所作所为。陆贽为相前知窦参族子窦申接受贿赂，便常常揭露窦参以权谋私、贪财受贿，因此受到窦参的排挤。直到窦参劣迹败露，陆贽才被拜为宰相。

裴延龄在掌管财政的短短几个月内，谎奏从账中查出隐欺钱20万贯，从粪土中挖出13万两银、足缎杂货百万有余。以此为所谓余财供皇帝使用。因实无此项钱财，无法向德宗交代，便榨取民间，使百姓怨声载道。陆贽在德宗面前，历数裴延龄的罪恶。他因裴延龄所谗而罢相，后贬为忠州（今四川重庆）别驾。

陆贽执相两年零8个月，在改革吏治，减轻赋税，加强中央集权等方面，提出了一系列新举措，同时也触动了包括德宗在内的腐朽势力的根本利益。陆贽在忠州居住10年。顺宗即位，诏他回京，诏书未到，他便离开了人世。

五朝宰相冯道

号长乐老，五朝为相；亡国丧君，未尝在意；前树功德，后皆毁之。

冯道（882～954年），瀛州景城（今河北交城县东北）人。他身居五代乱世，为相20余年，足见其应付君主的能力在常人之上。他早年追随割据晋阳的沙陀贵族李存勖。李存勖称帝建立后唐以后，冯道未受重用，只任省郎，充翰林学士，后迁中书舍人、户部侍郎。

明宗李嗣源夺取帝位后，见冯道博学多才，处乱不惊，是宰相之才，于是拜冯道为刑部尚书平章事。冯道出身寒微，常被嘲弄。据说有个叫任赞的工部侍郎，一次下朝后跟在冯道后面起哄，并当众羞辱冯道说，宰相走得那么快，肯定会从腰中掉出一本《兔园策》来。该书是一本写给下层市民阅读的通俗读物。正是低微的出身，使冯道很注意选拔出身下层的有识之士，从而打破了先前按门第取仕的惯例。

后唐明宗做了8年皇帝，冯道当了7年宰相。他积极辅佐明宗，常劝谏明宗重视民间疾苦，减轻人民负担，使中原之地的生产得到了恢复和发展。连年丰收后明宗不免有些骄傲，冯道又以自己的经验为例劝诫明宗。他说当年他路过井陉，山势陡峭怕马坠崖，紧张得出了一身汗，反平安无事。等上了大路，他不大留意路况，结果马失前蹄，险些丧命。冯道用这个例子告诫明宗无论在什么情况下，都要兢兢业业，切不可一失足成千古恨。

后唐明宗去世后，冯道的政治生涯发生了根本变化，连任宰相王公21年，却没有什么建树，只凭借其擅长观察形势，取悦一个个新主。尽管政局风云变幻，冯道仍稳坐泰山。

明宗的义子李从珂发动兵变，赶走明宗之子李从厚，篡夺帝位。冯道深知李从珂拥兵自重，而皇帝则是无能的毛孩子。于是，他上朝后召集文武百官，迎立李从珂为帝。李从珂即位后，对冯道有戒心，免去了他的宰相之职，只保留司空的虚衔。当时有大臣还提议，令冯道作山陵使，冯道毫不在意地说："只要官位高，扫地我也干。"

另一路军阀石敬瑭为灭后唐，以割地称臣为条件，请求北方辽国攻打后唐。石敬瑭借辽国的力量，推翻了后唐，建立了后晋，恢复了冯道的宰相职务并令他出使辽国。辽太宗耶律德光以较高礼仪接待了冯道，赐给他一把象牙朝笏、一个牛头。冯道为此兴高采烈，曾作诗以为纪念。辽太宗喜欢冯道的奴颜媚骨，有意留冯道为官，冯道赶紧迎合说，晋是儿子，契丹是父亲，我在哪里都是臣子。其实冯道害怕留在辽国。不久，辽太宗叫他回去，冯道担心有诈，便三次上表，请求留在辽国。太宗不同意。冯道装作不情愿的样子，又逗留了一个多月。在离开辽国的路上，他游山玩水，故意放慢速度，以此消除辽国的怀疑。

后来耶律德光亲率 30 万大军南下，灭了后晋。冯道主动朝见耶律德光，不料想耶律德光一见他就斥责说，你辅佐后晋没有任何建树，有何脸面来见我？冯道回答，无兵无城怎敢不来？太宗又责问他，你是哪一种老东西？冯道厚着脸皮回答，我无德无才，是个痴顽的老东西！冯道的自卫行为，博得辽国皇帝的开心。这样，冯道又当上了辽国的太傅。在中原政权衰弱不堪、外族入侵的情况下，冯道代表了后晋地主阶级的利益。谁作君主，那是统治集团内部的事情，以冯道的为人，恐怕很难尽臣子的愚忠，只要能满足包括他在内的地主阶级的切身利益，就是做投降派，也无伤大雅。

然而契丹人在中原地区受到当地百姓的顽强反抗，被迫撤兵。原后晋大将刘知远乘虚夺取帝位，建立了后汉政权。他为了笼络后晋的朝臣，立即封冯道为太师。4 年之后，刘知远的大将郭威又取代后汉，建立了后周，又拜冯道为太师兼中书令。这样，冯道又做了后周的开国宰相。

冯道能成为后周的宰相，原因之一是他出卖了后汉。郭威篡位后，一时还难以消灭后汉在各地的军队。刘知远的养子刘赟为武宁节度使，驻守徐州，对后周威胁最大。于是郭威命冯道为特使，前往徐州迎接刘。刘确信冯道是后汉的忠臣，就消除疑虑，随冯道来到宋州，不料郭威派伏兵解除了刘的武装，刘始知为冯道所骗。冯道一向看风使舵，他的最后一次表演，是在后周太祖郭威去世后，其义子柴荣即位之时，后汉刘崇勾结辽国，举兵南下，企图一举吞灭后周。冯道认为契丹南下，必定会再次改朝换代，所以才执意阻止周世宗柴荣亲征，甚至敢于无礼顶撞周世宗，对周世宗的抵抗之举，不断地泼冷水。冯道所为并没有改变周世宗的抗敌决心，高丰（今山西晋城县西北）之战大败刘崇和契丹联军。冯道不久就病死了。

冯道在生前撰写了自传《长乐老自叙》。其中，一一列举了历事五姓时他的官职封号，并引以为荣。自称孝于家，忠于国，作儿子、作兄弟、作臣子、作师长、作丈夫、作父亲，都当之无愧。只有一点不足，就是没有辅佐君主统一天下。在冯道看来，只要自己能够长保富贵，永居高官，能够稳稳地做"长乐老"，也就心满意足了。冯道的表现，绝非历史的偶然现象，恰恰从一个侧面反映了中国封建官僚体制的弊端。司马光在《资治通鉴》中评论说，那个时候失臣节者不只冯道一人，岂能独怪冯道呢！司马光同时又指出当时的君主对冯道的所作所为也负有责任。司马光从历史现象中，看到了封建官僚制度是冯道之类生存的土壤。

 ## 半部《论语》治天下的赵普

太祖知己，屡建殊勋；匡扶社稷，维护皇权；三次入相，谋私宠衰；荣辱功过，试与评说。

赵普（922～992年），洛阳人。他虽不是宋代名声显赫的宰相，但是对宋朝的建立有汗马功劳。他参与制定的治国之策，一直左右着宋代几百年的统治。赵普与宋太祖赵匡胤原本一起供职于后周王朝，赵匡胤任后周殿前都点检之职，领宋州归德军节度使，掌握兵权，赵普为其幕僚，两人彼此引为知己。后周幼主即位后，北汉和辽会师南下，后周朝廷派赵匡胤引军防御，行至陈桥驿（今河南开封东北）时，赵普与赵匡胤之弟赵匡义以及石守信授意将士用酒灌醉赵匡胤，给他穿上黄袍，拥立他做皇帝（史称"陈桥兵变"），改国号为"宋"。赵普因辅佐拥戴之功，被授右谏议大夫，任枢密直学士。

后周旧将李筠、李重进先后发动兵变抗宋，赵普力劝宋太祖御驾亲征并随军献计献策。平定二李之乱后，赵普因功迁为兵部侍郎、枢密副使。

宋太祖在平定叛乱后，向赵普询问长治久安之策。当时，石守信等大将因拥立太祖之功，被委以重任，掌握兵权。赵匡胤为此十分担心。于是，赵普提出"稍夺其权、制其钱粮、收其精兵"的策略。宋太祖采纳了这一建议，杯酒释兵权，用和平方式夺了众将的兵权。赵普以献策之功升为枢密使、检校太保。此后，为调整地方与中央的关系，赵普参与制订了一套相互制约的职权体系。这就是中央设副相、枢密副使与三司计相以分宰相之权，以便相互牵制；枢密使直属皇帝掌指挥权，而禁军之侍卫马、步军都指挥和殿前都指挥负责训练与护卫。宋太祖又用赵普之计，罢黜和削去地方节度使和异姓王之权，安排他们一些闲职，另以文臣取代武职，以防止地方弄权；另外，禁军划归枢密院指挥。地方虽然没有精兵，但是地方厢军（非正式军队，战时组成军队）合则可以制约禁军，以此形成强干弱枝、内外相互制约的统治体系。这在宋初的确起到了加强君主集权制，防止地方各自为政的重要作用。但另一方面，又造成宋朝在300余年间只重防内，内耗严重，而无力抵抗辽金入侵的局面。

赵普深得宋太祖恩宠，太祖多次身着便服至赵普住所，询问军国大事。赵普所答之策常合太祖之意，故加封赵普右仆射、昭文馆大学士。过了几年，吴越王钱遣使送书信和海产10瓶给赵普，东西放在廊檐下。一次，太祖到赵普家，询问放在廊檐下的是什么东西，赵普如实报告。太祖令人打开查看，瓶子里面装的都是瓜子金。赵普马上叩头谢罪说："臣还没拆开书信，实在不知此事。"太祖说："受之无妨，钱以为国家大事都是由你决定的。"后来赵普又派小吏到秦、陇一带采办大木材，小吏不顾朝廷禁令，乘机私贩大木料，冒称赵普所运，在京城里出售。太祖闻奏后大怒。不久，命赵普为河阳三城节度使，赵逐渐失去太祖的信任。

宋太祖去世后，其弟赵光义（避匡字讳）即位，是为宋太宗。这无疑给赵普政治生涯提供了一个转机。赵普借宋太宗异母弟赵延美之案大做文章。据传赵光义即位，有杀兄害侄之说，赵延美为此悲愤不已。于是有大臣诬告赵延美图谋不轨，赵延美被贬至洛阳。赵普密报宋太宗，称昭宪皇太后遗书由他起草，命太祖传位太宗，再由太宗传给赵延美，赵延美传位给太祖子德昭。接着，赵普又劝诫太宗吸取传弟不传子的历史教训。赵普出面证明太宗继承兄位合乎祖宗遗诏，这使他们的君臣关系日密，赵普由此被加封为司徒兼侍中，再度任相。

后来赵普迁为武胜军节度使、检校太尉兼侍中，不再为相。太宗为他作诗饯行。赵普手捧诗篇感动得痛哭流涕。太宗对大臣们说，赵普有功于国家，如今已经衰老，不能以中枢政务烦劳他，为他选择一个好的地方托身。当然，这只不过是一种托词罢了，其中必有难言之隐。

宋太宗为报高梁河惨败之辱，率军亲征幽蓟，战事持续不断，欲罢不能。赵普上奏规谏，劝太宗班师回朝以免兵久生变。宋太宗为表彰他的忠心，将赵普调任山南东道节度使，由梁国公改封许国公。宋太宗次子昭成太子陈王元僖因赵普曾劝太宗传子不传弟，倍加感激，上表请求再委政于赵普。这样，赵普又取得太保兼侍中的相位。

赵普病重，三次上表请求解职，太宗勉强同意，以赵普为西京留守、河南尹，保留太保兼中书令。赵普再次请求辞官，太宗不准，并亲自为他送行。临行时，赵普与太宗长谈，向太宗进谏国家大事，太宗一一采纳，又拜赵普为太师，封魏国公，享受宰相待遇。不久赵普病逝，终年71岁。太宗追赠他为尚书令。

赵普少时为吏，读书很少，做宰相后，太祖常劝他读书。赵普晚年手不释卷，每次退朝回家，便关门读书。次日上朝，处理政事果断自如。赵普为人深沉、豁达，虽然言语凌人，但能以天下为己任。宋朝初年，做宰相的人大多心胸狭窄，对上唯唯诺诺，墨守成规。赵普能直言上谏，无人可比。他曾举荐某人担任某官，太祖不采纳。第二天再次奏荐，仍不采纳。第三天，赵普又举荐这个人，惹得太祖大怒，将奏章撕碎扔在地上。赵普面不改色，跪在地上将碎片拾了起来，重新贴在旧纸上，照旧奏荐。太祖终于有所领悟，任用了那个人。又有一次，在提升某人时，太祖厌恶此人，执意不允升迁，赵普坚持请求，太祖恼怒。赵普力谏说：刑罚用于犯罪，封赏用于奖励功绩，赏罚乃是天下的赏罚，不是陛下的赏罚，岂能以陛下的喜怒好恶来决定。太祖拂袖而去，赵普紧跟其后。太祖进入后宫，赵普在宫外伫立，不肯离去，终于得到太祖的同意。

赵普在政治舞台上活动了 50 年，对于解决中央君主集权和地方分权的方针、政策起了极为重要的作用。他是一位有远见的政治家。他对于结束长期政治动乱，实现中原统一作出了一定的贡献。

 北宋名相寇准

少有所为，以才取仕；刚正自信，不流世俗；外强寇边，力主抗敌。

寇准（961～1023 年），华州下邽（今陕西省渭南县）人。少时聪明好学，19 岁便考取进士，先后在地方和朝廷中任职。寇准为人耿直，刚强果断。宋真宗很想让寇准任宰相，但唯恐他性情刚直难以独立担当，就命毕士安为参知政事、中书门下平章事（宰相）。真宗问毕士安，谁可以与他一道任宰相？毕士安荐举寇准，称他天资聪明又忠义，善于处理国家大事。真宗却认为寇准刚强任性，不堪重任。毕士安说，寇准一心为国，主持正义，反对奸邪，故招致许多人的怨恨。如今北方边境不安宁，正应该重用像寇准这样的人。于是真宗任命寇准为集贤殿大学士，位在毕士安之下，同为宰相。不久，北方辽国侵犯北宋边境，辽派小股部队在深州、祁州一带抢掠，以游击形式来掩盖其发动大规模进攻的意图。寇准识破此计，上奏说，辽兵是在军事上麻痹我们。他请求调兵遣将，加紧练兵，选择精锐部队，占据要害之地，以防不测。战事正如寇准所料，辽军果然大举入侵北宋，以 20 万大军，逼近靠近黄河的澶州（现在的河南省濮阳县西南），威胁宋朝的都城汴京（河南开封）。告急文书传至朝廷，宋真宗召集群臣商议对策。参知政事王钦若主张放弃汴京，迁都金陵。另一个参知政事陈尧叟则主张迁都四川的成都。宰相寇准却力主真宗御驾亲征。他指出，当务之急是上下齐心，与敌人决一胜负，如放弃京师远逃，则人心离散，敌人长驱直入，天下还保得住吗？在寇准的劝说下，真宗亲自率领大军从汴京出发至韦城（今河南省滑县东南），众人见辽军势盛，请求真宗驻扎此地，静观事态。寇准则坚决请求真宗渡过黄河，以定军心。太尉高琼也持此意，宋真宗只好下令渡过黄河，在澶州北城门楼上，召见众将。远处宋军将士望见宋真宗的御盖，士气大振，欢呼之声传遍数十里。辽军闻声心惊胆战。

宋真宗把军事大权交给了寇准。他处事果断，号令严明，指挥若定。辽军数千骑兵直攻澶州城，寇准命宋军奋力冲杀，消灭敌军大半，打退了辽军的进攻。

宋军得胜后，真宗命寇准留在北城。返回行宫的真宗对战局仍不放心，派人察看寇准的举动。回来人报告说，寇准正与属下饮酒，谈笑风生，根本不把辽军放在眼里。宋真宗听后高兴地说，寇准这样从容不迫，我还担心什么呢？

辽国在军事上不断受挫，便打算与宋议和，并写密信请求结盟。无心抗辽的宋真宗准备与辽结盟。寇准主战并打算要挟辽国称臣，献出幽州之地。主和派向真宗进谗言，称寇准拥兵自重。在这种形势下，寇准只好同意议和。宋真宗派曹利用为使臣，谈判议和条件，叮嘱曹利用赔银只能在100万两之内。寇准私下嘱咐曹利用说，虽然有皇帝敕命，但你所能同意的数目不要超过30万两，超过此数，我将砍你的头。宋辽订立和约，规定北宋每年给辽白银10万两、绢20万匹。因为此次和约是在澶渊（即澶州）订立的，故史称"澶渊之盟"。这次谈判的结果没有超出寇准所限定的数额，可见寇准对减小这个屈辱之盟所带来的恶果起了很大作用。

寇准为相时，选才、用才不论资排辈，同僚们很不高兴。一次，在任用官员时，属吏捧着按例升官的名册给寇准。寇准说，做宰相的责任在于选拔使用贤能，淘汰不称职的官员。如果只依照惯例办事，那么一个属吏就能处理了。宋真宗为表彰寇准对澶渊之盟有功，封他为中书侍郎兼工部尚书。有人对真宗说，澶渊之盟是城下之盟，乃是耻辱之事。寇准以陛下为赌注，北上孤注一掷，如果失败，后果不堪设想。于是，真宗逐渐疏远了寇准，第二年，又罢寇准相位，改任刑部尚书。

后来寇准随从真宗赴泰山封禅，改迁为户部尚书，掌管天雄军。宋真宗游巡亳州，寇准为枢密院使、同平章事，又复相位。

宋真宗患中风病后，无法理政，刘太后参与朝政。寇准劝真宗传位给太子，选正直可信的大臣辅佐。真宗采纳了寇准的意见。不料，这个计划暴露，寇准被罢相，改任太子太傅，封莱国公。与寇准同谋此事的大臣周怀政为了自保，便策划谋杀大臣，请罢太后干政，奉真宗为太上皇，传位太子，恢复寇准的相位。结果此事被人告发，周怀政被处死，寇准被贬为道州司马。真宗对此事却一无所知，常问属下为何不见寇准，没有人敢回答，直到去世前，他还对属下人讲，寇准可以托付后事。可见，真宗对寇准器重至深。

寇准在其政治生涯中，几经坎坷。其功绩主要反映在对外政策方面，他主张抵抗辽国的入侵，反对迁都逃跑，充分表现出他以国家社稷为重，不苟且偷生的气节，故后人常以戏剧小说等文艺形式，演化这个历史人物，歌颂他爱国忠君的情操。

锐意改革的王安石

入仕为官，初展抱负；锐意改革，条陈法策；两度为相，壮志不已。

王安石（1021～1086 年），生于北宋抚州临川

（今属江西）一个地方判官家庭。自幼受儒家思想的熏
陶。少年时，读诸子百家、医、农、艺、文之类的书
籍，曾写下"男儿少壮不树立，挟此穷老将安归"的
诗句，表明了他胸怀大志，不甘寂寞的决心。他的父
亲去世后，尽管生活困顿，他仍赴京赶考。本来可以
名列进士榜首，却被当时应试的枢密使晏殊的亲戚所
取代，列为进士第四名。王安石亲眼目睹了科举制度
的腐败，决心日后改革科举制，选拔有真才实学之人。

　　王安石中选进士后，被任命为扬州知州府签书判
官，负责审理案件。三年后，他离开翰林院，放弃了
升迁的机会，到地方考察时弊，寻求改革良策。不久，
他被任命为鄞县（浙江宁波市）知县。在鄞县任上，
他看到当地自然环境很好，农田水利却遭到破坏，百
姓生活仍很贫困。于是他亲自率领县吏，察民情，动
员和组织百姓共修水利。为便于渔农春汛出海捕鱼，
他借官谷给农民，减轻高利贷剥削，解决了农民春荒
的困难。治鄞三年缓解了灾情，修复了水利，当地百
姓的生产与生活有了改观，这表明王安石初期的改革
尝试是成功的。

　　王安石在地方为官 20 年，做了不少对农民有利的
事。此后，他调到京城任三司度支判官（管理财政的
官员）。他凭借 20 余年积累的相当丰富的政治经验，
推行变法，施展政治抱负。他呈奏万言书《上仁宗皇
帝言事书》论述了北宋中期的内外形势、问题和改革
方向。《万言书》没有得到仁宗的支持，仁宗为改善朝
政，只任命曾公亮为宰相、张昇、包拯为正副枢密使、

四　隋唐宋宰相制度及人物特色

司马光为知谏院，王安石为负责起草诏书的知制诰等一批新人而已。王安石仍未放弃变法主张。

王安石任知制诰的那一年，其母为他买了一名美貌的侍妾照料他的生活。王安石起初不知这一美妇的来历。她乃军将之妻，其夫负责漕运，贡输京师的米粮，因粮船沉没而不得不以家资、妻子赔偿。那时，一些不法官吏常为吞掉公粮而凿沉船只，致使军将代人受罪。得知这起因法律不善而造成的家庭悲剧后，他毅然付出 90 万身价钱，使他们夫妻团聚。这件事给王安石留下了深刻的印象。为革除上述弊端，王安石在以后实施的变法中，就有均输法一项。北宋中期，社会危机四起，大地主、大官僚兼并农民土地和剥削农民日益严重。庞大的官僚机构和众多的军队，以及每年付给辽国和西夏数额巨大的银绢，使宋王朝的开支成倍地增长，财政难以为继，从而引起统治危机。仁宗时，范仲淹提出了 10 项改革方案被仁宗采纳，称为"庆历新政"。庆历新政终因大地主、大官僚的反对而失败。赵顼即位后，面对国家积贫积弱的局面，决定改革弊政，于是起用主张改革的王安石。

宋神宗在当太子的时候，就听说王安石是个有学问、有才能的人，并且读过他的《万言书》，很佩服他的学识和主见。即位以后，很快就任命王安石为江宁府知府，接着，又调他入京为官，并仔细询问改革良策。王安石对答如流，深得神宗皇帝的赏识。事后，王安石经过仔细思考，又上奏《本朝百年无事札子》，指出北宋政治、经济、军事方面存在的问题很多，致使国弱民穷，幸好边境没有战事，国内没有灾害，才使天下百年没有变故。指出这种局面不可能长久，希望神宗能为国家大业有所作为。神宗为其所动，坚定了改革图新的信念。熙宁二年（1069年），神宗任命王安石为参知政事（即副宰相），兼任为实施新法而设立的制置三司条例司的副主管，这标志着熙宁变法的开始。

王安石变法的第一项改革法令，就是均输法，即"徙贵就贱"，避开物价贵的甲地而到物价贱的乙地去采购京城需用的商品物资，以减少劳费支出。由于这条法令还很不完善，奸吏与奸商趁机勾结贱买贵卖，民怨沸腾，致使此法以失败而告终。接着，又颁布了青苗法、免役法、农田水利法、方田均税法、保甲法。其中青苗法，就是王安石早年在鄞县采用的方法，即在每年青黄不接的春天，政府以较低利息贷款或借官谷给农民，秋收以后偿还，使农民免受地主高利贷的盘剥。免役法就是政府向服役的人家收取免役钱，雇人服役，使不出差役的官僚、地主也要出钱，这就减轻了农民的负担。农田水利法就是政府奖励各地开垦荒地，兴修水利，发展农业生产。方田均税法就是政府重新丈量土地，按照土地质量纳税，官僚、地主也不例外。保甲法规定农民每十家为一保，五保为一大保，十大保为一都保。每家有两个以上壮丁，出一人为保丁，农闲时习武，平时维持地方治安，战时编入军队作战。

新法的实施，在全国收到良好的效果，全国完成的较大的水利工程就有万余，灌溉农田达 3600 余万亩，农民得到了好处，国家增加了收入。新法的推行触犯了官僚地主阶级的利益，迭遭阻碍。同时新法推行过程中，被不法官吏所利用，一改新法的宗旨，成为变相盘剥农民的手段，因而农民也反对新法。由于保守派的势力很大，特别是两个太后都阻挠新法的实施，而支持王安石的神宗也逐渐动摇，废除了新法中的部分项目。王安石不得不辞去相职，以观文殿学士知江宁府。

王安石离开相位不到一年，在宰相韩绛建议下，神宗下诏，恢复了王安石的相职，晋升他为尚书左仆射兼门下侍郎。然而这时的改革派也发生了分裂，彼此倾轧。王安石之子为龙图阁直学士，此职是通往宰执的阶梯。他与给事中吕惠卿发生矛盾，就唆使他人诬告吕惠卿向华亭县借款购置田地，而使吕惠卿蒙受不白之冤，被贬陈州。吕惠卿后来上书澄清事实，指责王安石一贯结党营私，欺君罔上，排斥异己。在神宗的责询下，不知此事的王安石归询儿子，儿子见事败露，疮溃而死。王安石悲痛欲绝，上书辞职。神宗十分厌恶王安石的所为，乃命其为镇南军节度使、同平章事、判江宁府，再次罢相。王安石回归江宁后，居住在钟山半坡，修筑宅院园苑，自号半山老人，过着悠闲自得的田园生活。

神宗病逝后，哲宗即位，起用司马光为相，废除新法。消息传来，对于一代名相、改革家王安石来说，无疑是巨大的打击，不久就忧愤而死了。

司马光与《资治通鉴》

少时聪颖，砸缸救孺；入仕为官，廉正清节；维护旧制，修订巨著；暮年入相，善始善终。

司马光（1019～1086年），陕州夏县（今山西夏县）人，出身于官僚家庭，其父为朝廷四品官。传说司马光6岁时，偶得一颗青胡桃，婢女帮他剥去坚硬的外壳，司马光取桃仁吃，味道鲜美，乐不可支。其兄问他谁为他剥去胡桃壳？司马光随口称自己所为。不料，早已看到此事全过程的父亲，出来训导司马光说，诚实是做人的根本，做人就要取信他人。司马光顿时羞愧难当，深责自己的行为。父亲言传身教，对司马光的影响很大。少时司马光聪明好学，曾用一根圆木作为枕头，一旦被滚落的枕头惊醒，便继续读书，如此持之以恒。20岁时中进士甲科，被授以奉礼郎，不久改任苏州判官。

27岁时，被调京城担任评事、直讲、大理寺丞等一般官职，后又任馆阁校职、同知太常礼院等职。这些官职虽不重要，但对于司马光熟悉朝廷内部斗争十分有利。宰相庞籍被免职，因司马光为他所荐，便弃官追随庞籍到了郓州（今山东东平），做了郓州典学和通判（考察官吏政绩的官员）。又随庞籍入并州，任并州通判。

3年后，司马光调入京城，担任开封府推官，后被提升为起居舍人，同知谏院。谏院是专门批评朝政得失的机构。司马光任谏官 5 年，积极向朝廷提出各种建议，对北宋的内政外交提出许多尖锐的批评。赵顼即位后，锐意改革，十分看重司马光的才学，提升他为翰林学士兼御史中丞，并有意让司马光主持朝政，领导改革。但是，司马光与王安石在改革问题上有严重分歧，认为王安石新法对百姓不利。王安石在变法之前，曾提出发展生产的主张和意见，但是变法之后，却把生产放在次要地位，急于解决财政困难，从而加重了税收。北宋中期，尽管国家财政收入增加了几倍，国库仍然空虚，入不敷出。司马光反对加重地主、农民、商人、手工业者的负担，主张节省朝廷上下开支。由于司马光和王安石各执己见，矛盾尖锐，司马光被罢翰林学士等职，到永兴军（今陕西西安）任地方官。不久，司马光又辞永兴军公职，改判西京（今河南洛阳）留司御史台，在任 15 年。

在洛阳期间，司马光完成了举世瞩目的史学巨著《资治通鉴》的编写。此前，司马光在钻研历史著作中发现缺乏一部比较完整的通史。经过多年的思考，他用了两年时间，用编年体，即按年代顺序编写了一部从战国到秦末的史书，共 8 卷，取名《通志》。他把《通志》呈给当时的宋英宗御览。英宗看后非常满意，令司马光设置机构，继续编写这部书。赵顼即位后，称赞此书有助于了解历代治乱兴衰，像一面镜子用以借鉴。因此，宋神宗将《通志》改名为《资治通鉴》。"资治"是帮助统治的意思；"鉴"是指镜子，含有警戒和教训的意思。为了编写这部书，司马光付出了巨大的劳动，初稿堆满了两间屋子，整整花了 19 个年头才完成了这部历史巨著。《资治通鉴》上起韩、赵、魏三家分晋，下至五代后周政权的灭亡，记载了从公元前 403 年到 959 年，共 1362 年的历史，按着年代编成 294 卷，具有内容丰富、取材广博、叙事清晰、文笔生动简练等特点，是一部很有参考价值的历史著作，也是我国宝贵的文化遗产。

这部书往往从政治得失入手，从统治者的利益着眼，揭露并谴责了历史上封建帝王的生活奢侈，刑罚过重，赋税众多，以致激起民众反抗等事实。

宋神宗病死，皇太后让司马光为相。早在洛阳时，百姓都称司马光为司马相公。他被召入京时，围观百姓之多几致道路阻塞。司马光被拜为尚书左仆射兼门下侍郎后，对于已进入暮年的司马光来说，确实有些力不从心。但司马光不负众望，在他主持朝政期间，鉴于言路不畅、君臣隔阂的弊端，提出广开言路的主张。他废除了王安石新法中仅存的青苗法、免役法和保甲法，这是司马光一生中的一大缺欠。

司马光为官近 40 年，在洛阳时仅有薄田 3 顷，其妻死时，只能用卖田所得购置棺椁，这就是人们千古传颂的司马光"典地葬妻"的故事。凭借他的显贵，本来可以富甲天下，但除所得俸禄外，不谋取外财，始终两袖清风。他还用自己的俸禄周济他人。庞籍死后，曾遗一孤儿寡母，无以为生。司马光就将他们接到自己家中赡养，待之如父母兄弟。宋仁宗曾赐司马光金银珠宝，他上书称，国家正处于多事之秋，百姓贫困，故不接受赏赐。后来，在无法推辞的情况下，就用作谏院的办公费用和救济一些贫困的亲戚朋友。他年老后，其友想用50万钱买一个婢女供其使唤，他即复信回绝说，我几十年来，食不敢常有肉，衣不敢有纯帛，怎敢奢侈呢？司马光在洛阳时，冬天，外面北风呼啸，大雪纷飞，室内无炭火，以至客人冻得瑟瑟发抖，司马光见此就向客人抱歉，让人熬碗姜汤给客人驱寒。此情此景令客人感慨万千，赞叹其为一代廉士。

司马光作为一名政治家、思想家和历史学家，其功绩是不可磨灭的。在他死后，百姓纷纷为其送葬，并竞相购买他的画像，以示悼念。

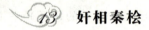

13　奸相秦桧

初为宋臣，反对议和；被掳金国，变节为奸；两度为相，力主降金；残害忠良，恶贯满盈。

秦桧（1090～1155年），江宁（今南京）人，是南宋臭名昭著的投降派代表人物。在南宋遭受入侵这一特定的历史环境下，他入仕为官以至窃取相位。为官之初，他没有劣迹。在金大举入侵，要求宋割让土地，多数朝臣表示同意的情况下，作为职方员外郎的秦桧，却认为金人贪得无厌，欲壑难填，积极主张加强防御。他的建议得到皇帝的赏识，于是他被任命为谈判代表。在与金人的谈判中，他坚持原则，据理力争，被升为殿前侍御史、左司谏。后来，金国举兵攻陷宋都城汴梁（今河南开封），掳走徽宗和钦宗二帝。金欲立奸臣张邦昌为傀儡皇帝，遭到御史中丞秦桧的坚决反对。秦桧被金人抓去后，变节投降，追随金太宗之弟挞懒，从事卖国求荣的活动。

秦桧因未暴露其卖身投靠的面目，被金秘密派回南京，以便内外勾结置南宋于死地。秦桧南归后，谎称是杀死监视他的金兵后夺船而归。一些大臣怀疑其所言，而宰相范宗尹等人却为他辩解，使他蒙混过关。宋高宗赵构认为秦桧"忠朴过人"，拜他为宰相。秦桧曾向宋高宗提出以河北归还金国、中原送给刘豫（南宋初年金统治者扶植的傀儡）之策。这一主张引起朝廷上下的强烈不满，开始认识到他的奸恶用心。宋高宗慑于主战派的势力，不得不罢免秦桧的宰相之职。但他仍不死心，伺机而动。

金太宗死后，其弟挞懒摄政。宋高宗又起用秦桧为相。秦桧曾为挞懒部下亲信，此时秦桧采用层层深入诱降的策略，将宋高宗牢牢地控制在自己手中，不顾主战派的反对，代行皇帝之权，与金签订了丧权辱国的和约。不久，金统治集团内讧，挞懒被杀，宗弼（兀术）上台，撕毁了和约，入侵南宋。南宋抗金名将岳飞受命抗击金军，在郾城大败兀术统帅的金兵。郾城大捷，岳家军威震四方，金军将士叹称："撼山易，撼岳家军难。"为扭转败局，金兀术派密使送信给秦桧，命秦桧杀死岳飞。

秦桧早就视岳飞为眼中钉。为谋害岳飞，他鼓动谏议大夫万俟卨编造一套谎言，弹劾岳飞；又指使奸臣御史中丞何涛和侍御史罗织罪名诬陷岳飞。宋高宗曾因岳飞声称迎徽、钦二帝而对岳飞不满，又见岳飞手握兵权，在将士中有很高的威信，威胁了他的统治，便马上下令岳飞撤军，一天之内连下13道金牌。岳飞不得不忍痛退兵。此后，秦桧并不罢休，设法剥夺岳飞的兵权，令岳飞任枢密副使，以虚其名。秦桧还收买岳飞的部将王浚，让他诬告张宪与岳云谋反，将二人逮捕入狱，以严刑酷法逼迫他们招供，但始终没能得逞。秦桧又将闲居庐山的岳飞骗到临安，以谋反之罪将其逮捕入狱。由于岳飞是抗金名将，无人敢审理此案。秦桧只好让奸臣万俟卨出面审理。万俟卨罗列一系列莫须有的罪名，都被岳飞用事实一一驳回。万俟卨气急败坏，但用了两个多月时间却无法确定岳飞的罪名，秦桧也没了主意。一次，秦桧在家吃柑橘，心里却琢磨如何害死岳飞。他吃完柑橘，将橘皮撕成碎片，其妻王氏素来阴险，见秦桧一筹莫展的样子，就说，俗话说捉虎容易放虎难呐。秦桧得到了启示，匆匆写了一张字条，令人交给监狱看守，命处死岳飞。当天夜里，岳飞被害，死时年仅39岁。秦桧除掉岳飞后，仍不放过其他忠臣良将，他们或被贬边地，或被残害。枢密院编修胡铨上书，请求斩杀秦桧以谢天下，秦桧立即进行报复，将胡贬至昭州（今广西平乐）接受管制。胡铨因妻子临产，想晚走几日，秦桧派人用刑具将他押送昭州。大臣陈刚中上书支持胡铨，秦桧大怒，把他流放到条件极差的边远山区。秦桧屡兴大狱，株连无辜，迫害异己。他曾制造王庶二子（王之奇、王之荀）、叶三省、杨炜、袁敏求四大冤狱，诬陷他们有"诽谤罪"。秦桧痛恨宰相赵鼎，本想杀之，但赵鼎已死，他就设法捕杀赵鼎之子赵汾，逼迫赵汾捏造其与张浚、李光、胡寅一同谋反，株连贤士53人。

秦桧对于反对过他的平民百姓也决不放过。有一次，秦桧让戏班到家中演出，其中一句台词为："你坐太师椅，为何把二胜环丢在脑后！"秦桧认为此指他身居相位，竟把二圣（徽宗、钦宗）南归之事置之度外。于是大怒，下令将演员们关进大牢，有些人甚至被迫害致死。

秦桧的倒行逆施，使天下之人义愤填膺。一名叫施全的小军官，趁秦桧上朝路过望仙桥之机，出其不意地向他行刺。尽管没有刺中，却使秦桧惊恐万状，从此一病不起，结束了其罪恶的一生。

秦桧两次窃取相位，在昏君赵构的庇护下，执政19年。其间，秦桧与宋高宗既相互勾结，又相互争斗，充分体现了皇帝与宰相的权力之争。当初金人南下，对南宋形成威胁，宋高宗企图苟安于临安。秦桧受命于金国，在外交政策上，一贯主张与金和议，甚至提出"南人归南，北人归北"，与宋高宗一拍即合，宋高宗称自己得一佳士。但秦桧的投降路线导致大片国土丧失，招致主战派的强烈不满，连高宗也因自身利益受到损害而厌恶秦桧，不得不罢他的相职。然而，金人的进一步南下，又给秦桧提供了复职的机会。直至以岳飞等为代表的主战派屡战屡胜，大有灭金迎二帝还朝之势，宋高宗才感到自身地位受到威胁，因而任

121

秦桧迫害主战派的代表人物。宋高宗的纵容给国家带来了严重的后果：在外，百姓饱受入侵者的蹂躏；在内，秦桧扰乱朝纲，逐杀忠臣、良将，以致民不聊生。秦桧操纵军政大权，尽用奸佞无耻之徒，遍布爪牙，甚至派人监视皇帝的举动。难怪秦桧死后，昏君赵构也感叹地说：我不用在膝裤中藏匕首了。赵构还表述他与秦桧的关系经历了"初奇桧、继恶桧、后爱桧、晚复畏桧"的过程。无论如何，宋高宗都脱不掉姑息养奸的罪责。

五 元明清宰相制度及
人物特色

　　宰相制度的变革，是与封建社会历史发展相适应的，是与专制主义中央集权制的加强同步进行的。元明清三代有两代属少数民族建立的政权，这两个政权既保留了本民族统治的特点，又大量吸收了汉族封建统治的经验，强化了专制。这主要表现在皇权主宰一切，取消宰相名称，相职权力进一步下降。

　　元朝建立以前，蒙古的政权机构十分混乱，没有法定的制度。一般日常行政事务，均由札鲁忽赤和必阇赤（秘书）等处理。耶律楚材就是一个掌管汉字文书的必阇赤。忽必烈建元后，注意吸收历代封建统治的经验，采取了一系列的改革措施，其中包括建立一套官僚机构。这个机构的中枢权力主要掌握在中书省、枢密院和御史台，而以中书省总理政务。原先的必阇赤相当于中书省的最高长官中书令。当时不分民族成分，均可担任，但是中书令仅为虚衔，真正的实权则归右左丞相。右丞相为中书省的最高长官，且为蒙古人担任。右左丞相之下，有平章政事4人，从一品掌管机要，为副丞相，凡军国要务，都由他们裁决。

明初的中央官制，沿袭汉唐旧制，在中央设立中书省，由左右丞相总理吏、户、礼、兵、刑、工六部事务。后来左丞相胡惟庸掌握中书省大权，独断专横，即便涉及"生杀黜陟"之事也不向皇帝奏明，还企图发动政变。朱元璋下令杀掉胡惟庸及其党羽，像李善长这样的开国元勋也在劫难逃。朱元璋为加强皇权，不惜屡兴大狱，并诏令废除中书省及丞相制，分中书省及丞相权力归属六部，由六部尚书直接对皇帝负责，并告诫后世永不再设宰相之职。朱元璋还仿照宋代制度，设内阁于殿廷，以大学士担任顾问兼秘书之职，于是就有了华盖殿大学士、武英殿大学士、文渊阁大学士、东阁大学士、文华殿大学士等名称。最初这些大学士品位很低，不能直接指挥行政，后来逐渐受到重视，大学士的官位可以达到尚书、侍郎，甚至达到"三公"的职衔。到明成祖时，大学士开始参与机务。仁宗以后，阁臣之权加重，大学士的地位在六部尚书之上。内阁如同唐代的中书门下省，内阁大学士表面上位尊而权重，但因其在内受制于宦官，在外不能左右六部的权力，很少有独立行使职权的机会，不具有宰相的实际权力。

清初官制基本上承袭入关前的旧规，以满族的旗制为骨干，用明代制度统治汉人，直至雍正、乾隆时，其官制才确定下来。早在顺治时，清政府就开始参照明制，实行内阁制。大学士改加殿阁头衔，称"中和殿大学士"、"保和殿大学士"、"文华殿大学士"、"武英殿大学士"、"文渊阁大学士"、"东阁大学士"。但在当时为了防止大学士的权力过重，只定其官位为五品。这时的内阁已经是具备最高权力的中枢机构。到雍正时，确定满、汉大学士为正一品，已成为清朝品位最高的官员，列文臣之首。因大学士勋高位极，故称内阁为"宰辅"。雍正以后，清政府为防止机密泄露，特设军机处，规定机要奏章都要下到军机处。凡军国要务，都要由军机大臣承旨出政处理。结果内阁权力受到削弱，内阁宰辅也随之名存实亡。原来具有宰相身份的内阁大学士，只成为晋爵的虚衔，内阁便沦为办理例行政务、颁发文告的机关，只是名义上仍为清代最高官署而已。相比之下，军机处则显得格外重要。在军机处任职的军机大臣，通称大军机，无定员，最多时达六七人，一般由亲王、大学士、尚书、侍郎或京堂在皇帝指定下兼任。但任命时要按各人的资历分别称为军机处行走、大臣上行走、大臣上学习行走等。其僚属称军机章京，俗称小军机。军机大臣无论其权力还是其地位，都胜过唐宋时期的三公之位。清末仿西方制度，实行君主立宪制，设责任内阁，以旧内阁与军机处合并为最高国务机关，随即撤销军机处，以军机大臣改任为内阁总理大臣、协理大臣。无论从哪种意义上讲，军机大臣和后来的总理大臣、协理大臣可谓真正的宰相。

纵观元明清时期的宰相，其共同的特点是宰相的名称与权力相分离，往往是宰相只为一种虚衔，而实际权力则为他官所分割，即便宰相享受殊荣，也只不过为皇帝传达旨意、执行皇帝的命令，在议政方面则表现得很虚弱。因此，作为宰相个人已完全不能独立发挥作用，皇帝已成为主宰一切的最高统治者，国家的军政大权完全集中到皇帝一人手中，宰相的名称在这一阶段被取消，而且他们的地位也下降到极点，在皇帝面前议事，也要三拜九叩跪而论道。在这种处境下，具有宰相身份的大臣，很难有所作为，很难造就出一批对社会发展较有影响的宰相，像耶律楚材、张居正、范文程、奕䜣这些身处特殊环境中的宰臣，可谓凤毛麟角了。

一代名相耶律楚材

出身相府，身处乱世；追随太祖，入为中书；救民于"屠城"，拯农于"圈牧"；以儒治国，彪炳史册。

耶律楚材（1190～1244 年），燕京（今北京）人，字晋卿，号湛然居士。因曾在北京玉泉山居住，故又称玉泉居士。他出生于金后期，其父耶律履在金世宗时任尚书右丞。耶律楚材虽然是契丹人，但他自幼就接受汉文化教育，深受儒家思想的熏陶，成年后，他在治国方面便遵循儒家济世安民之道。耶律楚材天资过人，博览群书，能过目成诵。他 17 岁入仕，24 岁为并州（治今河南濮阳）同知（州的副长官），后迁左右司员外郎。此时，北方蒙古族军队在成吉思汗的率领下，一举吞灭了金王朝。成吉思汗听说耶律楚材才学过人，下诏要亲自召见他，耶律楚材仰慕成吉思汗的雄才大略，认为追随这样的君主，可以施展其远大的抱负，于是欣然应召。成吉思汗一见耶律楚材身材伟岸，声音洪亮，便心生爱意。耶律楚材以渊博的学识受到成吉思汗的宠信，成吉思汗让他跟随自己西征。成吉思汗运用军事手段扩大统治领域，无心改变蒙古族原有的社会政治制度，不重视耶律楚材以儒治国的主张，只把他作为汉文书记官和占卜星相家使用。在成吉思汗统治的 10 年中，耶律楚材很不得志，曾在诗中流露："致军泽民本不难，言轻无用愧偷安，十年潦倒功何在，三径荒凉盟已寒。"

成吉思汗病逝，暂由其四子拖雷监国，耶律楚材受命回燕京，负责收集图书经籍。原来，蒙古军队攻下城池，只顾抢夺财物和人口，耶律楚材只搜集图书和药材。不久，军中疾病流行，耶律楚材用所收的药材救活了数万将士，此事引起蒙古统治者对汉族文化的重视，拖雷派耶律楚材到燕京搜集图书，耶律楚材出色地完成了任务。他还协助拖雷整顿统治秩序。由于各州郡官吏任意杀戮，掠夺财物，兼并土地，因而耶律楚材受命与宗王塔察儿共同惩治"剧贼"。耶律楚材通过调查发现，这些"剧贼"都是燕京权贵的亲属，便将"剧贼"全部逮捕入狱。权贵们大为震惊，纷纷向塔察儿行贿，以求免罪。在耶律楚材的劝诫下，塔察儿处死了"剧贼"首恶 16 人，安定了燕京。惩治剧贼，显示了耶律楚材的政治才干和清廉刚正的节操，因而获得蒙古统治集团的信任。

拖雷监国两年后，按照成吉思汗的遗诏，由窝阔台继承汗位。在举行登基大典时，耶律楚材为使会议开得庄严隆重，就说服亲王察合台率先遵守君臣之礼，实行跪拜，以尊君权。窝阔台即位后，为树立自己的威严，试图惩戒那些未按时来朝拜的王公大臣。耶律楚材劝窝阔台以宽厚待人，防止扩大矛盾，稳定政局。窝阔台采纳了他的建议，从前不拥护他的人都前来归附。耶律楚材为了帮助窝阔台建立各种制度，撰写了《便宜十八事》，它涉及官吏设置、赋役征收、财政管理、刑法条例等方面。窝阔台对耶律楚材的才能大加赞赏，当即授命他为中书令，典颁百官，会决庶务，使他成为一人之下、万人之上的宰相。

耶律楚材协助窝阔台，进行了一系列政治改革，以适应"汉化"地区高度发达的封建社会需要。首先，逐步废除屠城杀掠的政策，稳定社会经济，避免被统治地区的反抗斗争，从而有利于蒙古国的统一与安定。耶律楚材曾对窝阔台说：将士征战数十年，所要得到的就是土地和人民。如果得到了土地而没有百姓，那么土地还有什么用呢？于是窝阔台下令禁止滥杀无辜。其次，耶律楚材谏阻"裂土分民"，主张建立军、民、财分治的中央集权制。窝阔台曾打算按照蒙古国的惯例，将新占领的中原地区分赐给亲王和功臣。耶律楚材当即指出，"裂土分民"只会扩大彼此间的矛盾，不利于国家的统一。不如由政府派遣官吏到各州县负责税收，收入作为俸禄发给诸王和功臣，不让他们擅自征税。这样地方征税的权力收归中央，可以加强中央集权的实力，压制地方势力的滋长，避免分裂局面的发生。窝阔台接受了他的建议，令耶律楚材制订地方官军民财三权分立的制度。耶律楚材还及时向窝阔台建议说，天下虽得之马上，而不可在马上治理，道出以文治国的道理。窝阔台便让耶律楚材选拔一批文臣到政府部门任职。为推进"汉化"，还将当时一些著名的儒士请到燕京，充实到政府各级机构，从而改善了官员的文化素质。

耶律楚材以文治国的思想，在经济方面主要是反对以汉地为牧场，建立赋税制度，用课税替代军事掠夺，恢复封建经济。建立税收制度，可以得到中原地区的地税、商税，以及酒醋盐铁山泽之利，每年可收入白银50万两、绢8万匹、粟40万石。窝阔台对此大加赞扬。耶律楚材很快制订出新的赋税制度。户税：每2户出丝1斤，上缴国库；每5户出丝1斤交给诸王功臣。地税：上田每亩3升，中田2升半，下田2升，水田5升。商税：三十税一。耶律楚材所订赋税较轻，对恢复生产起到了积极作用。

耶律楚材在窝阔台统治时期，较充分地发挥了自己的治国之能，促使蒙古统治集团接受"汉法"，建立起一整套政治经济制度，促进了蒙古社会经济文化的发展，奠定了元代统一国家的规模。明朝的张溥认为他"相二帝辟草昧，开基元德"，可比周召二公之功。然而耶律楚材的结局十分悲惨。他所实行的改革措施，遭到蒙古贵族们的反对。后来，窝阔台去世，耶律楚材受到各方面的排挤，最后悲愤而死。

名相张居正

少有大志，以学入仕；通识时变，勇于任事；整治吏制，全面改革；工于谋国，拙于谋身；震主之嫌，身后劫难。

张居正（1525～1582 年），湖广江陵（今湖北沙市郊区）人。12 岁时，因才华出众，补府学生，成为荆州有名的小秀才。18 岁中举。23 岁中进士，授庶吉士（见习官员，3 年期满，例赐编修）。张居正做庶吉士期间，为求治国良策，刻苦钻研典章制度，总结历代治乱兴衰的经验教训，为他以后的参政打下了牢固的基础。

张居正授翰林院编修后，又任裕王的侍讲侍读，与裕王关系密切。此后又升任侍讲学士，领翰林院事。裕王即位为穆宗，张居正以裕王旧臣被任为吏部左侍郎兼文渊阁大学士，参与朝政。张居正清醒地认识到明朝中期的吏治腐败、财政困难、阶级矛盾日益尖锐等严重的社会问题，以及南有倭寇、北有蒙古肆虐寇边的外部威胁。因此，张居正在入阁后的第二年就上奏《陈六事疏》，通过省议论、振纪纲、重诏令、核名实、固邦本、饬武备六个方面阐述了他的政治主张，可惜的是没有引起穆宗的重视。张居正同当时的内阁首辅徐阶一同从整饬边防入手，重用有才能的将领（如抗倭名将谭纶、戚继光等），大力支持他们加强边防的措施。经过几年的努力，基本扭转了边防长期虚弱的局面。张居正还积极改善同蒙古的关系，用文告优抚蒙古地区的百姓，对投奔汉族地区的人，以礼相待，妥善安置，使投奔明朝的人越来越多，甚至鞑靼首领俺答的孙子把汉那吉也因家族纠纷而投明。把汉那吉投明后，朝廷上下一片哗然，很多大臣以"敌情叵测"为借口，反对接纳把汉那吉。张居正则认为接纳他有利于改善蒙汉关系。在张居正的奏请下，穆宗采纳了他的建议。

接纳把汉那吉以后，鞑靼首领俺答率军兴师问罪，朝廷上下怨声载道。张居正不改初议，派使者到俺答那里说明把汉那吉来投，是因为他仰慕中原文化，非其引诱所致，还以隆重之礼护送把汉那吉回归故里。俺答上表称谢，表示立即退兵，今后永不犯边。从此，蒙汉结束了敌对状态，为明朝赢得了 20 余年的边境安宁。

穆宗去世，朱翊钧即位，是为神宗。张居正与司礼太监冯保合谋策动太后和神宗下诏，罢免了内阁首辅高拱，张居正代之，总揽朝政。张居正出任内阁首辅后，针对浮华之风，制定了对各级官吏的考成法。张居正主张不仅要对各级官吏进行定期考察，而且对其经办的每件事都要规定完成的期限，进行考成，就是"立限考事，以事责人"；以六科稽查六部，内阁监督六科，层层检查，赏罚分明，内阁于是成为名副其实的政治中枢。这是张居正对明代吏制的一大改革。此法打破了旧制的束缚，加强了内阁的政治实权，为推行他的改革措施奠定了基础。

张居正进行了多方面的改革。他针对社会弊端，着重整顿吏治。自明中叶以来，官吏结党营私，贪污成风，张居正认为其原因主要在于用人不当，赏罚不明。因此，他建议皇帝应严惩贪官污吏，选用人才以德才为标准。张居正通过一次京察（明代制度：6年对京官进行一次全面考核），罢免了一大批不称职或逢迎拍马的官员。

张居正用人公正，从不计较个人恩怨。例如张佳胤很有才能，与张居正的对立者高拱关系甚密，他以为张居正当了内阁首辅后自己不能留任了。张居正得知后，就写信安慰他，并以"天下之贤，与天下共用"之句勉励他努力工作，不负众望。张居正广泛搜罗人才，对那些拥护改革，政绩卓著的官员，委以重任，充分发挥他们在改革中的骨干作用。

张居正整顿吏治时，将执法与尊君联系起来，严厉打击不法权贵破坏法纪、祸国殃民的行为。辽王原是他的少年朋友，长大后常在江陵一带横行不法，民愤极大，地方官吏不敢处置他。张居正亲自过问此案，根据辽王的罪行，秉公执法，毫不留情地奏请将辽王废为庶人，铲除了地方一霸。朝中最有权势的太监冯保的侄儿冯邦宁，凭借其叔父的权势，横行霸道，醉打衙门听差，触犯刑律。张居正一面向冯保说明情况，一面将冯邦宁杖责40，革职待罪。张居正不畏权势，伸张法纪，有力地打击了豪强显贵的违法活动。

明朝中叶以来，土地兼并严重，豪强地主与地方官府勾结，大量隐瞒土地数量，逃避税收。基于上述情形，张居正亲自主持了全国范围的田亩清丈、均平税粮的工作，督促地方官吏克服阻力，严格清查土地。仅山东地区，清丈后，就增地 36 万余顷。清丈田亩的成功，为全面改革赋役制度创造了条件。接着，张居正下令在全国推行"一条鞭法"，规定所有的徭役全部折成银两缴纳，取消征派差役，将银差不同程度地摊入地亩，按亩征收。张居正推行的一条鞭法，克服了财政危机，稳定了明朝的统治，客观上促进了商品经济的发展，有助于资本主义萌芽的产生。

张居正的改革能够取得成功，在很大程度上取决于明神宗的支持。年仅 10 岁的神宗，对身兼内阁首辅的张居正，又敬又畏，国事皆交张居正主持。神宗成人后，对以权震主的张居正心怀不满。张居正去世后，反对改革的官僚和贵族纷纷起来攻击张居正。于是，明神宗撤销了张居正的谥号，削去了他的俸禄，还派人抄了他的住所，张居正于是家破人亡。后崇祯皇帝恢复了张居正的名义，试图恢复张居正的新政，但为时已晚。

3　清初杰出的政治家范文程

明代仕宦，入辅清廷；因功受宠，加官晋爵；励精图治，功成引退。

范文程（1597～1666 年），沈阳人，出身于官宦，祖辈曾在明朝为官。少时喜读书，18 岁时考中沈阳县学秀才，这在当时辽东不发达地区，已经是较高的文化程度了。当时，明政权摇摇欲坠，朝不保夕。后金努尔哈赤攻占了明辽东的军事要地。万历四十六年（1618 年），他投奔努尔哈赤，开始了他的政治生涯。

范文程以熟悉明朝的政治和军事情况，受到努尔哈赤的器重，令他随从左右，参与了辽东、辽西的一系列战役。皇太极即位后，积极准备夺取明政权，并对后金政权做了一系列改革，模仿明朝中央集权的官制机构，建立了类似内阁的文馆。范文程以其特殊的才能入侍，成为皇太极的亲信大臣。随后，范文程跟从皇太极南征北战。他能攻善守、文武兼备，被皇太极授予三等轻车都尉世职。

皇太极准备深入明朝腹地，范文程建议绕过山海关，走雁门关，沿途百姓富庶、粮草充足，可供军需。皇太极亲自率领大军沿此路线，直抵北京。明山海关主将袁崇焕闻讯后即统军回援，双方在京城外展开激战。范文程向皇太极献计，诈称袁崇焕与皇太极有密约，放回被俘的太监为崇祯报信。一向猜忌多疑的崇祯帝杀了袁崇焕，范文程的反间计为皇太极除去了入关道路上的劲敌。

皇太极曾加强中央集权，对先前所设文馆进行改革，成立了内三院（内秘书院、内弘文院、内国史院），范文程被任为内秘书院的大学士，进世职二等甲喇章京，负责撰写、起草对外往来书信，记录各衙门的奏疏词状以及代替皇太极起草敕论、祭文等。范文程积极帮助皇太极加强中央集权，削弱八旗诸贝勒的王权，向皇太极提出顺应天意、尽快称帝的理论依据，促使皇太极接受了群臣的奏请而称帝，定国号为清。

皇太极在军政方面，十分倚重范文程。每次议事，都问范章京知否？有时范文程生病在家，皇太极往往等他病好后再裁决军政大事。

顺治时，豫亲王多尔衮为摄政王辅政。当时，李自成的农民起义军已推翻了明王朝，范文程建议多尔衮乘李自成立足未稳、政策失误之机，立即进取中原，还建议严明军队纪律、保留明朝官吏原职、百姓各复旧业、录用贤能、抚恤贫困。多尔衮采纳了他的建议，令他起草檄文，告喻明朝官民。

范文程以檄文拉拢明朝的地主、官僚，将矛头指向农民起义军，使明朝官吏再仕新朝。当时山海关守将吴三桂降清，充当攻打李自成政权的急先锋，因而清军所向披靡，起义军败走京城。范文程审时度势，不断提出适宜的策略，为清朝夺取全国的胜利立了大功。

清军攻占北京后，面临着极为复杂的政治局面，在短短的几十天内，两易朝主，百姓无所适从。范文程建议多尔衮发布"勿杀无辜，勿掠财物，勿焚庐舍"的命令，多尔衮又带千余骑兵入城宿卫，其他兵马则屯于城外，不得任意出入，京城顿时人心稳定。多尔衮忙于军务，委托范文程处理政事。范文程为争取大批汉族官吏和民众，宣传仁政治国，化敌为友。他还宣称，大清江山是从起义军手中夺得，并不是取之于明朝。范文程还建议为崇祯皇帝发丧，以安抚忠于明朝的官吏，收取民心。

针对连年征战和赋税沉重引起民怨的现实，范文程即以尚存的万历年间的饷册记载的田赋标准征收赋税，采取了轻徭薄赋与民休养生息的政策，调动了广大农民的生产积极性。范文程还建议举行乡试、会试，以争取地主阶级的支持。同时更改明朝法律，使各项工作开始由战时状态转入正常的治国轨道。

范文程以其立国之功，被清廷授予一等男加云骑尉世职。范文程先后历仕太祖、太宗、世祖几十年，因其刚直不阿，引起多尔衮的不满。多尔衮常常限制范文程的职权范围，范文程不得不小心从事。多尔衮命亲信大学士刚林、祁充格同范文程一起删改太宗实录。范文程自知此事重大，处理不好，将后患无穷。可是不执行多尔衮的命令，也恐遭杀身之祸。为保两全，称病不出。后来多尔衮死后被指控犯有"谋逆"之罪，刚林、祁充格全部被杀，唯有范文程因与多尔衮不附，被革职留任。顺治八年复任大学士，列议政大臣。

贪得无厌的和珅

少年英俊，偶然得宠，官运亨通，位极人臣；贪赃枉法，中饱私囊；盛极而衰，获罪命丧。

和珅（1750～1799年），满洲正红旗人。后因得宠于乾隆皇帝，上升为上三旗中的正黄旗。和珅自幼聪明，相貌出众，甚得人喜爱。和珅以祖上因功享有二等轻车都尉世职而做了皇帝出行护轿的校尉。他读书不多，但记忆力强。有一次，乾隆皇帝出宫，坐在轿子里阅读各省的奏章。一份四川的奏章称，那里的农民造反，领头的"要犯"逃走了。乾隆看后十分生气，脱口说：虎兕出于柙，龟玉毁于椟中，是谁之过与？周围的官吏弄不懂皇帝所说何意，都不敢回答。和珅知道乾隆所言出自《论语》，就上前以《四书》上注解之言应对说：岂非典守者之过邪？说明守土的官员有不可推卸的责任。一句话得到乾隆帝的称赞，还把和珅叫到轿旁问话。乾隆帝见和珅口齿伶俐，对答如流，而且仪容俊雅，更加喜欢，当即提拔和珅做了仪仗总管。和珅摸透了皇帝的心思，处处按皇帝的意图办事，几个月后就又升为侍卫兼副都统。到乾隆四十五年（1780 年）和珅已为御前大臣、军机大臣、内务府大臣，赏戴一品朝冠。此时，云贵总督李侍尧贪污案发。和珅被乾隆帝派往云南进行查办。和珅办案精明干练，不仅查清了李侍尧贪赃枉法的事实，而且调查出云南吏治败坏，各府州县财政亏空严重等重大问题。回京后，和珅向乾隆帝陈述了云南方面的盐务、钱法、边防、边境贸易等问题和现状，以及他对解决这些问题的想法，乾隆帝对他极为满意，升他为户部尚书、议政大臣。后来，和珅几乎获得了当时全部最显赫的头衔，如御前大臣兼都统、领侍卫内大臣、大学士、《四库全书》正总裁、理藩院尚书。和珅的儿子还娶了公主。这样，和珅成为一人之下、万人之上的权倾朝野的重要人物。乾隆帝还将管理户部三库（银库、缎匹库、颜料库）的大权交给了和珅。

　　乾隆帝晚年怠于政事，大兴土木，喜好巡游，每年所用经费亿万之巨都由和珅经办。和珅乘机假公济私，中饱私囊。他还利用手中掌握的生杀予夺之权，向地方官索要贡献。地方官则向自己的下级敲诈勒索，上下仿效，层层索贿受贿，造成官吏贪污成风且彼此相互包容。和珅利用权力，横行霸道。满汉大臣，不论谁犯了罪，只要舍得送厚礼给他，他就趁皇帝心情好的时候，为那人开脱罪责，常常大事化小，小事化了。

　　和珅还利用掌管国家财政收入，又负责皇帝宗室财产的机会，随便掠取财物。地方督抚进献给皇帝的贡物，乾隆帝仅能收到十之一二，其余全被和珅截留。有一次，两广总督孙士毅进京，在宫廷外等候乾隆帝接见，正巧遇见和珅。和珅询问孙士毅手中何物，孙士毅告诉他是只鼻烟壶。和珅见鼻烟壶是一颗明珠做成的，大如雀卵，雕琢精巧，晶莹剔透。他赞不绝口，爱不释手，要孙士毅送给他。孙士毅吞吞吐吐地回复说，已经报告给皇帝，正待候旨进献，不敢转手。和珅冷笑道，我不过是开句玩笑罢了。过了几天，和珅请孙士毅看自己的鼻烟壶，孙士毅一见大惊，原来正是自己进献的那只，但和珅称是皇帝所赠。孙士毅后来多方打听，才知是和珅从宫中偷来的。

　　和珅为奸作恶，还包庇其手下爪牙。御史曹锡保参劾和珅的家奴刘全仗势欺人，所盖住宅不合清制度。和珅暗中指使刘全在乾隆帝派人调查前拆毁豪华逾制的房屋，曹锡保反以所告不实，受到革职留任处分。

乾隆帝 80 大寿，举行盛大庆典，工部尚书金简与和珅筹备。内阁学士尹壮图上疏说各省金库空虚，大搞庆寿财政上有困难，令人查库。和珅立即派户部侍郎庆成前往，实际上是进行监视破坏。本来应该突击式查库，庆成却每到一地，先花天酒地玩乐多天，等该省官员将金库亏空填满后，再行盘库，结果尹壮图反以"妄言"被治罪。和珅残害异己而不择手段，又受到乾隆皇帝的庇护，朝臣们都敢怒不敢言，和珅更加肆无忌惮。他不仅从皇宫中偷出大批珍贵楠木，为自己大兴土木，还常常在夜深人静之时，穿上皇帝的服饰，对着镜子发笑。

乾隆时，清政府大兴"文字狱"，迫害知识分子。和珅充任《四库全书》正总裁，配合文字狱，推行乾隆帝的毁禁图书的政策，破坏文化典籍。和珅为了讨乾隆帝的喜欢，找人撰写了《红楼梦》八十回以后的四十回，并还对前八十回做了一番手脚，在得到乾隆帝的准许后，得以公开刊印。《红楼梦》从私人秘密传抄到官府出资印刷流行是和珅干的一件好事。但是，《红楼梦》被篡改，弄得主旨尽失，又是《红楼梦》的不幸，也是和珅的一大罪过。

乾隆帝老年后，忘性越来越大，懒得管理朝政，就禅位给皇太子，是为嘉庆皇帝。适逢白莲教大起义的麻烦事而使嘉庆皇帝坐卧不安。而更让他气恼的事，就是乾隆帝虽然把皇位让给他，却自称太上皇，仍主持要政，经常通过和珅传达旨意。嘉庆皇帝感到自己的权力还不如和珅，但又不敢得罪他。每次见面，嘉庆皇帝都恭敬地称呼和珅为"相国"，什么事都通过他请示太上皇。其实他心里早就恨透和珅了。嘉庆四年（1799年）太上皇寿终正寝，和珅失去了靠山。嘉庆皇帝将和珅革职拿问，并派人查抄了他的家。从家产清单109项中，仅26项的估价，就合白银22389万余两。查抄金银玉等器物几百件、金银元宝各1000个、生沙金200余万两、赤金480万两、白银940万两、洋钱5.8万、银号42座、当铺75座、古玩铺15座、土地8000余顷。全部估算，合白银8亿～10亿两。和珅的贪污数额堪称中国乃至世界历史第一位，时称"和珅跌倒，嘉庆吃饱"。和珅当政20年，其财产超过了清政府10余年的总收入，而和珅的年俸禄不过300余两白银和禄米百余石。他能获得天文数字的赃款赃物，与乾隆帝的庇护是分不开的。乾隆帝虽对和珅屡加裁抑，但是，和珅受的处分越多官却升得越大，这反映出乾隆时期的政治日益腐败，清朝已走向衰亡的道路。

5　积极倡导洋务运动的奕䜣

身为亲王，权赫一时；依附太后，坎坷多艰；创办洋务，反对维新。

奕䜣（1833～1898年），生活在日趋没落的清朝末年。他是道光皇帝的第六子，甚得道光帝的喜爱，欲传位给他。奕䜣以其兄长在，极力推辞。后奕詝即位，是为咸丰帝。咸丰封19岁的奕䜣为恭亲王，又破例任命他为军机大臣（按清制，亲王不得任军机大臣）。第二次鸦片战争，英法联军攻陷北京，咸丰皇帝逃往热河，留奕䜣在京作英法议和的全权大臣。奕䜣代表清政府同英法俄签订了《北京条约》，咸丰皇帝病死热河。奕䜣同慈禧太后合谋发动"北京政变"，铲除以肃顺为首的辅政大臣。慈禧太后垂帘听政，封奕䜣为议政王，掌管军机处和总理各国事务衙门。

当时总理各国事务衙门是在奕䜣积极倡导下建立的。第二次鸦片战争期间，奕䜣在同英法等国的交涉中，认识到通过外交途径协调国事的重要性，于是便上疏奏请成立总理各国事务衙门。在陈述成立这个机构的必要性时指出：以前我国对外交涉，是通过外省的总督巡抚办理，然后汇总到军机处，经皇帝批示后处理，这一程序造成外交上的被动，延缓迟误外交事务，必须成立一个专门从事外交活动的中央机关，统一管理外交事务。奕䜣还提出总理衙门的负责官员，应由军机大臣兼任，另从内阁各部和军机处的满汉族章京（负责办理文书的官员）中，各选 8 名，轮班执行日常事务。总理衙门的一切制度，均仿照军机处。奕䜣的这个奏议得到了咸丰皇帝的批准。

总理衙门的设立，标志着我国的外交活动正式进入国际社会。虽然这个机构在奕䜣等一些封建官僚主持下，也有一些丧权辱国的行为，但在某些方面也不同程度地维护了本国的许多利益。总理衙门设立之初，原本专办外交事务，后由于恭亲王奕䜣领衔主管，他又兼任军机大臣，因而增大了总理衙门的实际权限。

奕䜣在处理国际关系中，逐步开阔了视野，在对外交涉的关键时刻，能够拿出相应的对策，从而提高了总理衙门在清政府中的地位。后来总理衙门事务逐步扩展为管理通商、海防、军务、关税等事项，甚至也负责管辖修筑铁路、开发矿山、制造军火等，总揽了清末的全部洋务事务，因而成了清政府的实际内阁，奕䜣也就成为这个"内阁"的首领，具有了历史上"宰相"的职权。

奕䜣从第二次鸦片战争清朝在军事上的屡次失败中，看到了腐朽落后的清朝军队面对洋鬼子的洋枪洋炮而不堪一击的局面。一方面他从维护清朝统治出发，主张抗敌御侮；另一方面又主张学习西方先进的军事技术，用外国枪炮武装清朝的军队。这样，以奕䜣为首的一批封建官僚发动了旨在匡扶清王朝的洋务运动。这场运动得到了清政府的认可。在奕䜣的授意下，曾国藩在安庆办起了我国第一个制造近代武器的兵工厂——安庆军械所，接着李鸿章在上海设立江南制造总局，左宗棠在福州建立船政局。在奕䜣的筹划下，清政府建立起一批近代军事工业。

面对列强频频突破清朝海防，动辄以军队进逼北京相威胁，甚至日本弹丸之国也屡屡入侵我台湾之事，奕䜣感到必须建立海军。他积极筹划自强御侮之策，在江苏巡抚丁日昌提出《海洋水师章程》的基础上，奏请建立北洋、东洋和南洋三支海军。在得到朝廷批准后，奕䜣建立起了号称当时远东最大的海军舰队，并且培养造就了一批海军人才。

奕䜣在学习西方先进的科学技术过程中，认识到外国军事技术的重要，军事必须以强大的经济为后盾，提出了"寓强于富"的口号，进一步发展开发矿山、修筑铁路、机械制造等近代民用工业。作为洋务派在清政府中的代言人，奕䜣对兴办民用企业和交通运输起了支持和推动作用。由于历史和阶级的局限，奕䜣等人所创办的洋务事业，很难抵御外国的军事和经济上的侵略，最终归于失败。

奕䜣主持军机处和总理衙门，目睹清朝日渐衰落，极力主张自强，抵御外侮。慈禧太后一方面表面上给予支持，另一方面又担心奕䜣权力过重，妨碍她个人独裁，便在奕䜣指挥对法作战失利之后，免去奕䜣的一切职务。10年后，中日甲午战争爆发，慈禧太后与光绪皇帝争夺朝廷大权，出现帝党与后党相争的局面。为平衡双方的力量，调解冲突，慈禧太后才率先起用奕䜣主管总理衙门，总理海军事务。随后，光绪皇帝又下令奕䜣督办军务，恢复他军机大臣之职。然而，此时奕䜣已失去过去那种奋发上进的锐气，常以息事宁人的态度开展内政外交活动。他企图借助外国的力量干预中日战争，却不曾想到帝国主义列强在对华的根本目的上是一致的。奕䜣依靠外国出面调停的外交活动，受到各国的冷遇，最后不得不由李鸿章出面，对日签订了丧权辱国的《马关条约》。《马关条约》的签订激起国人的强烈反对，康有为、梁启超等资产阶级代表人物，要求变法，谋求民族独立，其政治主张远远超出洋务派所主张的内容范围。奕䜣作为洋务运动的核心人物，此时完全倒向康梁维新运动的对立面，与慈禧太后和顽固派站在一起，坚决反对资产阶级改良主义的立宪主张。当光绪皇帝打算召见康有为的时候，奕䜣马上以清朝非四品官员不得晋见皇帝的惯例，阻止光绪帝召见康有为。结果光绪皇帝只得委托李鸿章等大臣约见康有为。

奕䜣作为清朝末年封建官僚的代表，在帝国主义列强瓜分中国这一特定的历史环境中，开创了一系列近代军事和民用企业，企图以此富国强兵，挽救即将灭亡的清政府。当维新派的激进主张威胁到封建专制统治时，奕䜣又很快成为维护封建统治的顽固派代表人物。

《中国史话》总目录

系列名	序号	书名	作者	
物化历史系列（28种）	25	陵寝史话	刘庆柱	李毓芳
	26	敦煌史话	杨宝玉	
	27	孔庙史话	曲英杰	
	28	甲骨文史话	张利军	
	29	金文史话	杜勇	周宝宏
	30	石器史话	李宗山	
	31	石刻史话	赵超	
	32	古玉史话	卢兆荫	
	33	青铜器史话	曹淑芹	殷玮璋
	34	简牍史话	王子今	赵宠亮
	35	陶瓷史话	谢端琚	马文宽
	36	玻璃器史话	安家瑶	
	37	家具史话	李宗山	
	38	文房四宝史话	李雪梅	安久亮
制度、名物与史事沿革系列（20种）	39	中国早期国家史话	王和	
	40	中华民族史话	陈琳国	陈群
	41	官制史话	谢保成	
	42	宰相史话	刘晖春	
	43	监察史话	王正	
	44	科举史话	李尚英	
	45	状元史话	宋元强	
	46	学校史话	樊克政	
	47	书院史话	樊克政	
	48	赋役制度史话	徐东升	

系列名	序号	书　名	作者
制度、名物与史事沿革系列（20种）	49	军制史话	刘昭祥　王晓卫
	50	兵器史话	杨　毅　杨　泓
	51	名战史话	黄朴民
	52	屯田史话	张印栋
	53	商业史话	吴　慧
	54	货币史话	刘精诚　李祖德
	55	宫廷政治史话	任士英
	56	变法史话	王子今
	57	和亲史话	宋　超
	58	海疆开发史话	安　京
交通与交流系列（13种）	59	丝绸之路史话	孟凡人
	60	海上丝路史话	杜　瑜
	61	漕运史话	江太新　苏金玉
	62	驿道史话	王子今
	63	旅行史话	黄石林
	64	航海史话	王　杰　李宝民　王　莉
	65	交通工具史话	郑若葵
	66	中西交流史话	张国刚
	67	满汉文化交流史话	定宜庄
	68	汉藏文化交流史话	刘　忠
	69	蒙藏文化交流史话	丁守璞　杨恩洪
	70	中日文化交流史话	冯佐哲
	71	中国阿拉伯文化交流史话	宋　岘

系列名	序号	书 名	作 者
思想学术系列（21种）	72	文明起源史话	杜金鹏　焦天龙
	73	汉字史话	郭小武
	74	天文学史话	冯　时
	75	地理学史话	杜　瑜
	76	儒家史话	孙开泰
	77	法家史话	孙开泰
	78	兵家史话	王晓卫
	79	玄学史话	张齐明
	80	道教史话	王　卡
	81	佛教史话	魏道儒
	82	中国基督教史话	王美秀
	83	民间信仰史话	侯　杰
	84	训诂学史话	周信炎
	85	帛书史话	陈松长
	86	四书五经史话	黄鸿春
	87	史学史话	谢保成
	88	哲学史话	谷　方
	89	方志史话	卫家雄
	90	考古学史话	朱乃诚
	91	物理学史话	王　冰
	92	地图史话	朱玲玲

系列名	序号	书　名	作　者
文学艺术系列（8种）	93	书法史话	朱守道
	94	绘画史话	李福顺
	95	诗歌史话	陶文鹏
	96	散文史话	郑永晓
	97	音韵史话	张惠英
	98	戏曲史话	王卫民
	99	小说史话	周中明　吴家荣
	100	杂技史话	崔乐泉
社会风俗系列（13种）	101	宗族史话	冯尔康　阎爱民
	102	家庭史话	张国刚
	103	婚姻史话	张　涛　项永琴
	104	礼俗史话	王贵民
	105	节俗史话	韩养民　郭兴文
	106	饮食史话	王仁湘
	107	饮茶史话	王仁湘　杨焕新
	108	饮酒史话	袁立泽
	109	服饰史话	赵连赏
	110	体育史话	崔乐泉
	111	养生史话	罗时铭
	112	收藏史话	李雪梅
	113	丧葬史话	张捷夫

系列名	序号	书　名	作　者	
	114	鸦片战争史话	朱谐汉	
	115	太平天国史话	张远鹏	
	116	洋务运动史话	丁贤俊	
	117	甲午战争史话	寇　伟	
	118	戊戌维新运动史话	刘悦斌	
	119	义和团史话	卞修跃	
	120	辛亥革命史话	张海鹏	邓红洲
	121	五四运动史话	常丕军	
	122	北洋政府史话	潘　荣	魏又行
	123	国民政府史话	郑则民	
	124	十年内战史话	贾　维	
近代政治史系列（28种）	125	中华苏维埃史话	杨丽琼	刘　强
	126	西安事变史话	李义彬	
	127	抗日战争史话	荣维木	
	128	陕甘宁边区政府史话	刘东社	刘全娥
	129	解放战争史话	朱宗震	汪朝光
	130	革命根据地史话	马洪武	王明生
	131	中国人民解放军史话	荣维木	
	132	宪政史话	徐辉琪	付建成
	133	工人运动史话	唐玉良	高爱娣
	134	农民运动史话	方之光	龚　云
	135	青年运动史话	郭贵儒	
	136	妇女运动史话	刘　红	刘光永
	137	土地改革史话	董志凯	陈廷煊
	138	买办史话	潘君祥	顾柏荣
	139	四大家族史话	江绍贞	
	140	汪伪政权史话	闻少华	
	141	伪满洲国史话	齐福霖	

系列名	序号	书名	作者
近代经济生活系列（17种）	142	人口史话	姜 涛
	143	禁烟史话	王宏斌
	144	海关史话	陈霞飞 蔡渭洲
	145	铁路史话	龚 云
	146	矿业史话	纪 辛
	147	航运史话	张后铨
	148	邮政史话	修晓波
	149	金融史话	陈争平
	150	通货膨胀史话	郑起东
	151	外债史话	陈争平
	152	商会史话	虞和平
	153	农业改进史话	章 楷
	154	民族工业发展史话	徐建生
	155	灾荒史话	刘仰东 夏明方
	156	流民史话	池子华
	157	秘密社会史话	刘才赋
	158	旗人史话	刘小萌
近代中外关系系列（13种）	159	西洋器物传入中国史话	隋元芬
	160	中外不平等条约史话	李育民
	161	开埠史话	杜 语
	162	教案史话	夏春涛
	163	中英关系史话	孙 庆

系列名	序号	书 名	作 者
近代中外关系系列（13种）	164	中法关系史话	葛夫平
	165	中德关系史话	杜继东
	166	中日关系史话	王建朗
	167	中美关系史话	陶文钊
	168	中俄关系史话	薛衔天
	169	中苏关系史话	黄纪莲
	170	华侨史话	陈 民 任贵祥
	171	华工史话	董丛林
近代精神文化系列（18种）	172	政治思想史话	朱志敏
	173	伦理道德史话	马 勇
	174	启蒙思潮史话	彭平一
	175	三民主义史话	贺 渊
	176	社会主义思潮史话	张 武 张艳国 喻承久
	177	无政府主义思潮史话	汤庭芬
	178	教育史话	朱从兵
	179	大学史话	金以林
	180	留学史话	刘志强 张学继
	181	法制史话	李 力
	182	报刊史话	李仲明
	183	出版史话	刘俐娜
	184	科学技术史话	姜 超

系列名	序号	书名	作者
近代精神文化系列（18种）	185	翻译史话	王晓丹
	186	美术史话	龚产兴
	187	音乐史话	梁茂春
	188	电影史话	孙立峰
	189	话剧史话	梁淑安
近代区域文化系列（一种）	190	北京史话	果鸿孝
	191	上海史话	马学强　宋钻友
	192	天津史话	罗澍伟
	193	广州史话	张　苹　张　磊
	194	武汉史话	皮明庥　郑自来
	195	重庆史话	隗瀛涛　沈松平
	196	新疆史话	王建民
	197	西藏史话	徐志民
	198	香港史话	刘蜀永
	199	澳门史话	邓开颂　陆晓敏　杨仁飞
	200	台湾史话	程朝云

《中国史话》主要编辑
出版发行人

总 策 划	谢寿光	王　正	
执行策划	杨　群	徐思彦	宋月华
	梁艳玲	刘晖春	张国春
统　　筹	黄　丹	宋淑洁	
设计总监	孙元明		
市场推广	蔡继辉	刘德顺	李丽丽
责任印制	岳　阳